W0271827

ulmer

Sebastian Hopfenmüller
Eva Stangler

BIENEN RETTEN

Wildbienenfreundliche Projekte für Balkon, Terrasse und Garten

INHALT

Get in touch: Wildbienen erkennen 97

#machsnachhaltig-Infos 121

Sei **selbst** die **Veränderung,** die du dir **bei anderen wünschst.**

(Mahatma Gandhi)

UNSER SPEISEPLAN

→ Viele unserer Grundnahrungsmittel wie beispielsweise Getreide und Reis werden vom Wind bestäubt und wären von einem Wegfall der Insekten als Bestäuber nicht betroffen. Trotzdem sähe unser Speiseplan dann sehr eintönig aus. Stell dir ein Frühstück ohne Kaffee, Kakao, Orangensaft und Obst vor! Bei manchen Pflanzen würden zwar auch ohne Bestäuber Früchte entstehen, diese hätten aber eine minderwertige Qualität, wären beispielsweise kleiner und geschmackloser. Erdbeeren etwa brauchen viele Pollenkörner, um volle Früchte auszubilden, und diese werden nur durch Bestäuber in ausreichender Menge geliefert.

ERHALTEN: STABILE ÖKOSYSTEME

→ Niemand weiß genau, was bei einem starken Rückgang oder Wegfall der Bestäuber passieren würde. Klar ist, dass unser Naturhaushalt sehr vernetzt ist. Es gibt unzählige, vielfach auch noch unbekannte Wechselwirkungen zwischen Tieren, Pflanzen und Pilzen. Bekannte Beispiele sind Räuber-Beute-Beziehungen, wie zwischen Marienkäferlarven und Blattläusen, oder „Ökosystem-Ingenieure“ wie der Specht, der Höhlen in abgestorbene Bäume baut und so Wohnmöglichkeiten für weitere Tiere schafft. Auch die Bestäubung zählt zu den besonders wichtigen Wechselwirkungen in der Natur. Es liegt also in unserem eigenen Interesse, Bienen (und andere heimische Lebewesen) zu retten und deren Lebensräume zu erhalten.

GENIESSEN: NATUR IM GARTEN

→ Viele Menschen sehnen sich nach einem naturnahen Umfeld. Dort fühlt man sich frei und kann die Seele baumeln lassen. Warum also in die Ferne schweifen, wenn das Gute – die Natur – sehr nah im eigenen Garten oder auf dem Balkon liegen kann? Die große Holzbiene nagt an einem toten Ast, eine Mauerbiene inspiziert die Schilfhalme … vielfältig bunt blühende Stauden, duftende Kräuterpflanzen und eine Hecke aus Wildsträuchern schaffen Lebensraum – nicht nur für viele tierische Bewohner, sondern auch für uns selbst. Wir sind direkt vor unserer Haus- oder Balkontür Teil der Natur.

FÖRDERN: NOCH MEHR TIERE

→ Wer Bienen und andere Insekten im Garten fördert, wird mit noch mehr Tieren belohnt. Insekten stehen auf dem Speiseplan vieler räuberischer Tiere. Ob Rotkehlchen, Igel oder Zauneidechse, sie alle fressen Insekten und freuen sich daher ebenso über einen insektenfreundlichen Garten.

SAVE THE

WEN UND WARUM?

Schwebfliegen, Fledermäuse und Vögel bestäuben Blüten. Die wichtigsten Bestäuber sind aber die Bienen. Sie haben sich gemeinsam mit den Blütenpflanzen entwickelt und daher eine sehr enge Beziehung zueinander. Nicht nur sie, sondern auch ihr Nachwuchs ernährt sich von Pollen und Nektar. Im Gegenzug sorgen sie für die passgenaue Bestäubung vieler Wild- und Kulturpflanzen. Bienen spielen somit eine Schlüsselrolle im Naturhaushalt.

WILDBIENEN: DIE UNBEKANNTEN

Als Wildbienen bezeichnet man alle wildlebenden Bienen in der freien Natur. In Deutschland sind etwa 590 Wildbienenarten nachgewiesen. Davon sind 40 bereits ausgestorben, sodass heute in Deutschland noch etwa 550 verschiedene Arten von Wildbienen vorkommen. Die Honigbiene war früher eine von ihnen, doch heute kann sie in der freien Natur – also ohne den Imker – meist nicht mehr überleben (Seite 12). Weltweit sind bisher sogar 20 000 verschiedene Bienenarten beschrieben. Allein aufgrund der Artenzahl wird klar, dass es keine einfache Antwort auf die Frage gibt „Wie sehen Wildbienen aus?". Am bekanntesten sind sicherlich die Hummeln – ja, auch sie gehören zu den Wildbienen.

Es gibt ein paar äußere Merkmale, an denen man gut erkennen kann, ob das Insekt, das da vor einem sitzt, eine Wildbiene ist:

- **dreiteiliger Körperbau mit Kopf, Bruststück und Hinterleib, dazwischen mit Taille**
- **zwei große Komplexaugen und drei Punktaugen, ein Paar Fühler und eine kurze oder lange Zunge**
- **Bruststück mit vier häutigen Flügeln und sechs Beinen**
- **Hinterleib, bei den Weibchen aus sechs Segmenten mit Stachel und Legeröhre, bei den Männchen aus sieben Segmenten mit Genital**
- **Bienen haben gefiederte Haare – nur mit Lupe zu erkennen**
- **Größe: zwischen 4 mm und 3 cm**
- **Farbe: sehr variabel, von schwarz bis grün glänzend ist alles vertreten**

Die Größten: Holzbienen

Die größten Wildbienen in Deutschland sind die Holzbienen (*Xylocopa*) mit bis zu 3 cm Länge. Sie sind größer als die meisten Hummeln, haben aber wegen ihrer plumpen Gestalt mit schwarzer Färbung und schwarzem Pelz eine gewisse Ähnlichkeit mit ihnen. Ihre Flügel sind dunkel getönt und schillern violett (Seite 114).

Gelockt: Sandbienen

Dann gibt es die große Gruppe der Sandbienen (*Andrena*) mit weit über 100 Arten. Sie kann man bei den Weibchen an einer Locke an den Hinterbeinen bzw. einer samtigen Stelle am Kopf erkennen. Die Unterscheidung der verschiedenen Sandbienen-Arten ist für den Laien nur selten möglich. Größenmäßig können sie, je nach Art und Geschlecht, eine Größe von 5–18 mm aufweisen (Seite 103).

Gefurcht: Furchenbienen

Die Weibchen der Gattungen Furchenbienen (*Halictus*) und Schmalbienen (*Lasioglossum*) haben am letzten Segment des Hinterleibs eine Furche.

Manche Arten sind metallisch grün glänzend, andere haben eine dunkle Grundfärbung mit gelben Binden, also Streifen am Hinterleib. Diese Gruppe weist viele kleine und wenige große Bienen auf. Die beiden Gattungen sind sich sehr ähnlich und wurden früher auch zu einer Gattung zusammengefasst (Seite 104).

Mit Warnfarbe: Wespenbienen

Wie der Name schon sagt, ist die Gattung der Wespenbienen (*Nomada*) auffällig in Warnfarben gefärbt. Sie haben kaum Behaarung und man würde sie auf den ersten Blick wohl kaum den Bienen zuordnen. Sie gehören zu den sogenannten Kuckucksbienen (Seite 78), die ihre Eier in die Nester von anderen Bienen legen (Seite 114).

Pummelig und brummelig: Hummeln

Hummelarten, die häufig im Garten zu Besuch sind, sind durch ihre starke Behaarung mit charakteristischer Färbung meist relativ einfach zu erkennen. Es gibt innerhalb der Arten zwar Farbvariationen, aber oft kann man anhand der Farbmuster die Hummel erkennen, die gerade durch den Garten brummt (Seite 116).

ÄHNLICH, ABER KEINE BIENEN

Bienen und Wespen sind nicht immer leicht zu unterscheiden: Bienen besitzen gefiederte Haare. Die gängigen Wespen gehören zu den Faltenwespen, ihre Vorderflügel sind beim Sitzen längs gefaltet. Schwebfliegen besitzen nur ein Flügelpaar und kürzere Antennen.

DIE LEBENSWEISEN DER WILDBIENEN

> **WILDE BIENEN?**
>
> Entgegen ihrem Namen sind Wildbienen sehr friedliebende Tiere.
> Sie stechen äußerst selten. Nur soziale Arten haben überhaupt ein Interesse daran, ihr Volk zu verteidigen. Solitäre Arten stechen nur, wenn sie massiv bedroht werden und sie um ihr Leben fürchten.

Wildbienen haben sehr vielfältige Lebensweisen entwickelt. Das betrifft ihr Sozialverhalten, ihre Bestäubungsleistung und ihre Nistplatzwahl. Je nach Art werden unterschiedliche Nistplätze bevorzugt. Etwa zwei Drittel der Wildbienenarten nisten im Boden (Seite 82), andere oberirdisch in entsprechenden Hohlräumen (Seite 70).

Soziale Lebensweise

Manche Wildbienen, beispielsweise Hummeln und manche Furchenbienen, leben wie Honigbienen in einem Staat. Ihre Lebensweise ist sozial: Es gibt eine Königin, Arbeiterinnen und Drohnen, sprich die Männchen. Die Königin bringt als einziges Weibchen ihre Gene in die nächste Generation. Die Arbeiterinnen kümmern sich um die Aufzucht der Jungen, verteidigen das Nest und sammeln Futter. Die Männchen beteiligen sich nicht an den Aufgaben im Nest, ihr einziger Zweck ist die Paarung.

Solitäre Lebensweise

Die meisten Wildbienen leben auf völlig andere Art und Weise als die eben beschriebenen. Sie leben solitär. Jedes Bienenweibchen baut für sich allein ein oder mehrere Nester, sammelt Pollen und Nektar und legt ihre Eier auf den Futtervorrat. Diese Nester sind oft als Röhren in offenen Bodenstellen oder in Pflanzenstängeln angelegt. Dabei wird die Brutröhre mit speziellem Baumaterial, wie Harz oder Lehm, in mehrere Kammern eingeteilt, denn jede Larve bekommt ein „Einzelzimmer". Aber auch solitäre Arten sind nicht immer vollkommen allein. Manche nisten an geeigneten Orten in großen Kolonien Tür an Tür.

Kommunale Lebensweise

Zwischen sozialer und solitärer Lebensweise gibt es auch Zwischenformen. Bei manchen Arten nutzen mehrere Weibchen ein Nest, legen aber getrennte Brutzellen für ihren eigenen Nachwuchs an. Diese „Wohngemeinschaft" nennt man dann kommunale Lebensweise.

Von Bienen und Blüten

Wildbienen haben eine sehr enge Beziehung zu Blütenpflanzen. Eine Beziehung, die sich über ungefähr 130 Millionen Jahre entwickelte und in der

sich Bienen und Blütenpflanzen sehr stark aneinander anpassten (mehr zum Stammbaum der Bienen auf Seite 98). Diese perfekte Anpassung führte aber auch dazu, dass sie aufeinander angewiesen sind.

Die Bestäubung von Pflanzen

Die eng verbundene Entwicklungsgeschichte von Bienen und Blütenpflanzen ist der Grund, weshalb viele Wildbienenlarven sehr wählerisch sind, was ihr Futter angeht. Man spricht dann von oligolektischen Bienen (Seite 34), die immerhin 30% der heimischen nestbauenden Wildbienen ausmachen. So braucht beispielsweise die Glockenblumen-Scherenbiene, wie der Name schon sagt, Pollen von Glockenblumen, um ihren Nachwuchs zu versorgen. Auch die Schlupftermine der Bienen sind an die Blütezeit ihrer favorisierten Pflanzen angepasst. Diese große Spezialisierung macht sie einerseits anfällig gegenüber Umweltveränderungen, andererseits sind sie perfekt an ihre Pflanzen angepasst und bestäuben sie äußerst effektiv.

Neben den oligolektischen gibt es auch polylektische Wildbienen (Seite 34). Sie nutzen, wie die Honigbienen, eine Vielzahl von Pollen- und Nektarpflanzen.

Für viele Nahrungs- und Genussmittel, wie Kirschen, Erdbeeren und Kaffee, ist bekannt, dass eine Vielzahl von verschiedenen Bestäubern die Erntemenge und -qualität erhöht.

Der Erhalt der Lebensräume von Wildbienen lohnt sich also nicht nur für die Vielfalt der Wildbienen an sich. Wir Menschen bekommen durch ihren Schutz auch viel zurück: spezialisierte und damit sehr effektive Bestäuber, die wildlebend sind, also nicht gehalten werden müssen. Mauerbienen beispielsweise werden schon im Obstbau eingesetzt.

ZAHLEN & FAKTEN

Der wirtschaftliche Wert der Bestäubung durch Insekten in der Landwirtschaft wurde von Wissenschaftlern berechnet und liegt weltweit bei unglaublichen 150 Milliarden Euro im Jahr.

FEATURE

DIE HONIGBIENE: DAS HAUSTIER UNTER DEN BIENEN

Die größte Vielfalt an Honigbienen gibt es in Asien mit etwa acht wildlebenden Arten. In Deutschland kommt nur eine einzige Art vor: die Westliche Honigbiene (*Apis mellifera*). In den allermeisten Fällen zählen die Honigbienen in Deutschland zu den Haustieren, da sie ohne Hilfe der Imker kaum in der freien Natur überleben können. Sie ist gemessen an ihrer bloßen Anzahl das am häufigsten gehaltene Haustier. Dass sie heute bei uns kaum mehr wild vorkommt, liegt neben dem Blütenmangel in den monotonen Agrarlandschaften mit massivem Pestizideinsatz auch an kleinen Parasiten, den Varroa-Milben. Sie stammen eigentlich aus Südostasien und können ganze Honigbienenvölker ausrotten.

Ihr Verhältnis zu Menschen

Die Honigbiene faszinierte die Menschen schon immer. Das liegt nicht nur an unserer Vorliebe für Honig, sondern auch an ihrer hochsozialen Lebensweise mit unzähligen spannenden Verhaltensweisen, wie beispielsweise der Kommunikation von guten Futterquellen durch einen Schwänzel-Tanz. Der Mensch hat übrigens verschiedene Rassen von Bienen – ähnlich wie bei Kühen oder Hühnern – gezüchtet. Ursprünglich war bei uns die Dunkle Honigbiene verbreitet. Diese alte Rasse ist stark vom Aussterben bedroht, seit sie Anfang des 20. Jahrhunderts durch die sogenannte Carnica-Rasse, die mehr Honig produziert und etwas sanftmütiger ist, ersetzt wurde.

Der Staat

Die Honigbienen leben hochsozial. Die Königin lebt zusammen mit mehreren Zehntausend Arbeiterinnen in einem Stock, zeitweise auch mit einigen Hundert Drohnen. Dabei ändern sich die Aufgaben, die eine Arbeiterin im Laufe ihres Lebens hat, mit ihrem Lebensalter. Als junge Bienen bekommen die Arbeiterinnen Aufgaben im Stockin-

Für alle Honigschlecker: Ein blüten- und strukturreicher, giftfreier Garten kommt auch der Honigbiene zugute.

neren, beispielsweise die Aufzucht der Larven oder das Säubern der Brutkammern. Mit zunehmendem Alter werden die Arbeiterinnen zu Wächterinnen. Sie sind zuständig für die Verteidigung des Stocks, zum Beispiel vor Wespen. Am Ende ihres Lebens werden die Arbeiterinnen zu Sammlerinnen. Sie suchen nach nektar- und pollenreichen Sammelgründen und merken sich den Weg dorthin. Zurück im Stock tanzen sie ihren Kolleginnen im Stock den Weg zum lohnenswerten Standort vor.

Ist der Nektar gesammelt, wird er in Waben entleert, wo dann durch Verdunstung Wasser entzogen wird. Ist der Honig reif, wird er mit Wachs verdeckelt. Wenn keine Nahrungsquellen mehr vorhanden sind, beispielsweise im Winter, kann das Volk durch seinen Futtervorrat überleben.

Wenn Bienen schwärmen

Wenn die Völker vom Frühjahr bis Sommer eine bestimmte Größe erreichen, produziert das Volk Drohnen und Jungköniginnen, also Geschlechtstiere. Bevor eine neue Königin schlüpft, schwärmt die alte Königin mit einem Teil des Volkes zu einem neuen Nistplatz. Wenn eine neue Königin schlüpft, sticht sie noch nicht geschlüpfte Königinnen in ihren Brutzellen ab oder muss sich einem Kampf stellen. Die siegreiche Jungkönigin bleibt im alten Stock und paart sich auf dem Hochzeitsflug, wo sie Samen von mehreren Drohnen sammelt und speichert. Auf diese Weise vermehrt sich ein Volk zu zwei Völkern. Ein Imker versucht entweder, das Schwärmen zu verhindern, oder er kann den Schwarm einfangen und besitzt somit ein Volk mehr.

Honigbienen und Bestäubung

Honigbienen sind bei der Wahl ihrer Blüten nicht anspruchsvoll. Sie achten vor allem auf eine gute Ausbeute an Nektar und Pollen – wie sie etwa ein blühender Baum bietet – und fliegen dafür auch 3 km und mehr. Sie sind generalistische, also polylektische Bestäuber, die nicht an bestimmte Pflanzenarten angepasst sind. Bei einer zu hohen Anzahl an Honigbienen können sie auch zu Nahrungskonkurrenten ihrer wilden Verwandten werden.

ZAHLEN & FAKTEN

Bienen fliegen für ein Glas Honig zwischen 25 000–500 000 km. Oft werden 100 000 km, also eine 2,5-fache Erdumrundung, als Vereinfachung angegeben. Ihren Ruf als fleißige Bienen haben sie daher redlich verdient.

HÄUFIGE GARTENBIENEN

Garten-Wollbiene

Anthidium manicatum

Die 10–16 mm große Garten-Wollbiene kann man von Juni bis August an Schmetterlingsblütlern, wie Hornklee, und Lippenblütlern, wie Salbei, beobachten. Sie haben einen schwarz-gelb gefärbten Hinterleib. Die Männchen sind etwas größer als die Weibchen und haben drei spitze Dornen am Hinterleib. Diese Bienen bauen aus Pflanzenhaaren weiche „Woll"-Nester für den Nachwuchs. Deshalb sind sie oft an haarigen Ziest-Arten zu finden. Das territoriale Verhalten der Männchen ist sehenswert: Sie bewachen eifersüchtig „ihre" Pflanzen und verjagen sogar Honigbienen und Hummeln.

Dunkle Erdhummel

Bombus terrestris

Die pelzig behaarte Dunkle Erdhummel hat einen schwarzen Vorderleib mit einem gelben Streifen und einen schwarzen Hinterleib mit einem gelben und einem weißen Streifen. Eine Arbeiterin kann 11–17 mm groß werden. Die Königin wird mit 20–23 mm deutlich größer. Schon ab März kann man die überwinterten Königinnen beobachten. Die soziale Art lebt mit bis zu 600 Tieren in einem Nest, das oft in verlassenen Mäuse- oder Maulwurfsbauten liegt. Erdhummeln sammeln Pollen und Nektar an verschiedensten Pflanzen. Sie werden weltweit für die Bestäubung von Tomaten eingesetzt.

Rote Mauerbiene

Osmia bicornis

Die Rote Mauerbiene ist 8–13 mm groß, ihr Hinterleib ist rötlich behaart. Mit einem Blick ins Gesicht erkennt man die Geschlechter: Das Männchen hat ein weiß behaartes, das Weibchen ein schwarz behaartes Gesicht. Die Rote Mauerbiene ist bei der Wahl ihrer Nistplätze und Futterpflanzen nicht wählerisch. Man findet sie deshalb fast überall ab März bis etwa Juli. Sie nimmt Pollen von verschiedensten Pflanzen mit ihrer Bauchbürste, einer Behaarung am Bauch, auf. Ihre Nester legt sie in verschiedensten Hohlräumen an: in Nisthilfen, in Löchern von Totholz und sogar in Fensterrahmen.

Gewöhnliche Goldfurchenbiene

Halictus tumulorum

Wer genau hinsieht, kann in seinem Garten vielleicht die nur 6–8 mm große Gewöhnliche Goldfurchenbiene entdecken. Die Weibchen haben eine Furche am letzten Hinterleibssegment und schimmern golden. Sie sind schon ab April, die Männchen von Juli bis September an verschiedenen Pflanzen unterwegs. Als Pollenquellen werden etwa Wegwarte, Kuckucks-Lichtnelke oder die Sal-Weide verwendet. Die häufigste der kleinen, golden glänzenden Furchenbienen-Arten lebt sozial in einem Erdnest und nistet auf kahlen oder schütter bewachsenen Flächen, sogar auf humosen Böden.

DIE BASICS

Wer Bienen helfen will, kann mit heimischen Pflanzen, vielfältigen Strukturen und dem Verzicht auf Pestizide Lebensraum für Wildbienen schaffen – egal ob im Garten oder auf dem Balkon. Was Wildbienen brauchen, welche Pflanzen geeignet sind und wie du Nistplätze kreieren kannst, erfährst du in diesem Kapitel. Außerdem kannst du zur Inspiration einen Blick in die Gärten von Wildbienen-Experten werfen.

WAS WILDBIENEN BRAUCHEN

Wildbienen haben verschiedene Bedürfnisse, die unbedingt in räumlicher Nähe erfüllt werden müssen, denn sie fliegen nur wenige hundert Meter: Sie brauchen Nahrung, Nistplätze und Materialien zum Nestbau.

Kost

Wildbienen sind Veganer. Sie und ihre Nachkommen ernähren sich von Nektar und Pollen. Wie bereits erwähnt gibt es oligolektische Bienenarten, sie ernähren sich also nur von Pollen bestimmter Pflanzenfamilien, -gattungen oder -arten, und polylektische Arten ohne diese strenge Spezialisierung (Ausführlicheres dazu auf Seite 34). Allgemein gilt, dass für den Wildbienenschutz heimische und regionale Pflanzen am sinnvollsten sind – mehr dazu erfährst du auf Seite 22 und 34.

... und Logis

Wildbienen brauchen für ihr Überleben passende Nistplätze. Die Anzahl der Nistplätze im Garten ist dabei der Faktor, der die Anzahl der Wildbienen am meisten limitiert. Viele denken jetzt sicherlich an „Insektenhotels". Doch die Mehrheit der Bienen, nämlich rund zwei Drittel der heimischen Arten, nistet im Boden. Besonders geeignet dafür sind vegetationslose oder schüttere Stellen, insbesondere in südlicher Ausrichtung. Ein nicht befestigter Trampelpfad im Garten kann zum Beispiel gute Nistplätze bieten.

Es gibt jedoch auch Arten, die in Stängeln, Löchern in Totholz oder anderen oberirdischen Hohlräumen leben. Je nach Art sind Wildbienen selbst die Bauherren ihrer Nistplätze, oder sie beziehen als Nachmieter bereits vorhandene Hohlräume. Es bestehen auf alle Fälle unterschiedliche Ansprüche an die Hohlräume, beispielsweise was den Durchmesser oder das Material angeht. Allen gemeinsam ist, dass sie auf einer Seite geschlossen sein müssen. Eine große Rolle spielen auch die Himmelsrichtung, in der sie aufgehängt werden, und die mikroklimatischen Bedingungen.

Folgende Zusammenstellung bietet erste Anregungen, wie du in deinem Garten oder auf dem Balkon Nistplätze schaffen kannst:

- **Nisthilfen aus Schilfhalmen bauen**
- **Löcher in Holz bohren**
- **Ranken von Brombeeren senkrecht befestigen**
- **Nisthügel anlegen, sogenannte „Bee banks"**
- **Blütenreiche Steingärten anlegen**

Zahlen & Fakten

Zur Fütterung eines **Nachkommens** braucht die …

- … Glockenblume-Sägehornbiene **66 Blüten der Rundblättrigen Glockenblume**
- … Wald-Schenkelbiene **460 Blüten des Drüsigen Gilbweiderich**
- … Garten-Wollbiene **1005 Blüten des Aufrechten Ziest**

Ohne Gift

Wichtig ist der Verzicht auf Unkrautvernichtungs- und Schädlingsbekämpfungsmittel im Garten und in der Landschaft. Diese Mittel sind tödlich für die heimische Artenvielfalt. Daher greif bitte auf das gute alte Jäten oder harmlose Hausmittel zurück, um lästige Gartenplagen im Zaum zu halten. Auch aus Interesse an deiner eigenen Gesundheit.
Du kannst Wildbienen (und auch das Klima) durch den Kauf von biologischen und regional erzeugten Lebensmitteln unterstützen. Dadurch wird der Einsatz von chemisch-synthetischen Pflanzenschutzmitteln minimiert und die Landschaft durch vielfältigere Fruchtfolgen kleinteiliger.

Bienen-Baumarkt

Viele Wildbienen brauchen bestimmte „Baumaterialien", um einen Nistplatz zu einem geeigneten Nest für den Nachwuchs zu machen. Dafür werden je nach Art verschiedene Dinge verwendet: Blattstücke oder gar sogenannter Pflanzenmörtel aus zerkauten Blättern, Pflanzenhaare, Harz, Steinchen und Körpersekret sowie Lehm. Die Blattschneiderbienen beispielsweise schneiden mit ihren großen kräftigen Mundwerkzeugen runde Stücke aus Blättern. Damit unterteilen sie die Niströhre in Zellen und kleiden sie außerdem mit Blättern aus. Wichtig ist, dass die jeweiligen Arten ihre Baumaterialien in der Nähe ihrer Nistplätze vorfinden.

KURZSTRECKEN-FLIEGER

Wildbienen überwinden bei der Nahrungssuche keine großen räumlichen Distanzen. Viele Arten fliegen weniger als 500 m und nur wenige über 1 km. Sie brauchen die benötigten Ressourcen also in räumlicher Nähe. Das ist in unseren ausgeräumten Landschaften schwer. Mache deinen Garten deshalb zu einer Oase für die Wildbienen.

Tapetenlieferung: Blattschneiderbienen „tapezieren“ ihre Nester mit Blattstücken, egal ob sie im Boden, in Totholz oder Schilfhalmen nisten.

FEATURE

VIELFALT AN BLÜTEN

Je mehr Wildbienen man unterstützen möchte, desto größer sollte die blühende heimische Pflanzenvielfalt sein. Besonders schön ist es, wenn von Frühjahr bis Herbst immer etwas blüht. Es müssen auch nicht immer Blumen in Wiese oder Beet sein, auch Gehölze wie Weiden oder Obstbäume sind wichtige Nahrungsquellen für Wildbienen.

Heimisch und regional

Wilde Bienen fliegen auf wilde Pflanzen, also heimische und regionale Pflanzen. Damit scheiden Zuchtformen, wie gefüllt blühende Sorten, aus. Diese wurden züchterisch so verändert, dass sie statt Staubbeuteln, die Pollen als Nahrung für die Wildbienen liefern würden, eine höhere Anzahl Blütenblätter besitzen. Sie sind wertlos für Wildbienen! Allgemein haben sich die Wildbienen über eine lange Zeit an ihre Lieblingspflanzen angepasst. So schlüpfen die Bienen pünktlich zur Blütezeit ihrer bevorzugten Pflanzen. Verwendet man weder regionale noch heimische Arten, hilft man den spezialisierten Wildbienen nicht. Um geeignete Wildpflanzen zu finden, sollte man entweder auf regional zertifiziertes Saatgut zurückgreifen oder sich an eine entsprechende Staudengärtnerei wenden.

Die besten Bienenpflanzen für den Garten

Willst du mehr Blütenreichtum im Garten haben, solltest du dir überlegen, welchen Platz du wie nutzen möchtest. Eine Blumenwiese ist weniger gut zum Fußballspielen geeignet, dafür aber umso mehr zum Entdecken. Bei wenig Platz kannst du einen Wildblumen-Saum, wie man ihn früher an Wegrändern oder Hecken fand, entlang des Zauns oder der Hecke anlegen. Diese und weitere Anleitungen findest du ab Seite 32.

Bei so vielen Wildbienenarten mit den verschiedensten Nahrungsansprüchen ist es schwierig, allen etwas zu bieten. Die folgenden vier Pflanzen sind für viele Arten wichtig und sollten in keinem Garten fehlen. Da sie in ganz Deutschland wild vorkommen, sollte man beim Kauf auf regionale Herkunft achten.

Diese Blumenmischung kann sich bei Wildbienen sehen lassen: Heimische Arten wie Natternkopf, Resede, Klee und Nickende Distel sind wichtige Nahrungspflanzen für eine Vielzahl an Bienenarten.

Heimische Pflanzen nützen heimischen Tieren. Je vielfältiger die Pflanzen, desto vielfältiger die tierischen Bewohner.

Rundblättrige Glockenblume
(Campanula rotundifolia)
Glockenblumen sind eine wichtige Pollen- und Nektarquelle für viele Wildbienen. Es gibt sogar eine ganze Reihe spezialisierter Arten, die ihre Nachkommen ausschließlich mit Glockenblumen-Pollen versorgen. Die Rundblättrige Glockenblume ist eine relativ kleinwüchsige Art, die wild auf mageren Wiesen, Halbtrockenrasen und auf Felsfluren wächst. Man kann sie in einen Blumenkasten am Balkon, in einen Magerrasen oder Steingarten (Seite 60 und 66) pflanzen.

Wiesen-Flockenblume
(Centaurea jacea)
Viele Flockenblumen-Arten sind für Wildbienen interessant. Dabei ist die Wiesen-Flockenblume bei uns am weitesten verbreitet. Als typische Art der extensiv genutzten Wiesen ist sie an das zwei- bis dreimalige Mähen im Jahr angepasst. Sie gehört in jede neu angelegte Blumenwiese (Seite 60), kann aber auch in einem mittelgroßen Topf ihre Blütenpracht entfalten.

Gewöhnlicher Hornklee
(Lotus corniculatus)
Als Schmetterlingsblütler kann der Hornklee mithilfe von speziellen Bakterien Stickstoff aus der Luft im Boden fixieren. Er wächst deshalb auch auf mageren Böden, zum Beispiel in extensiv genutzten Wiesen oder in trockenen Säumen. Viele Wildbienen, wie Mauer- und Blattschneiderbienen, die Pollen mit einer Behaarung am Bauch sammeln, fliegen den gelb blühenden Hornklee an. Um den Bienen eine ausreichend große Pollenquelle zur Verfügung zu stellen, sollte man viele Hornklee-Pflanzen in der Wiese oder am sonnigen Heckenrand haben.

Gewöhnlicher Natternkopf
(Echium vulgare)
Der Natternkopf ist ein wahrer Bienenmagnet. Das liegt an seinen großen Blütenständen mit Hunderten von lila Blüten und seiner langen Blütezeit. Mehrere Bienenarten, wie die Natternkopf-Mauerbiene (*Hoplitis adunca*), nutzen ihn als alleinige Pollenquelle. Der Natternkopf wächst gerne in Säumen, auf Magerrasen oder Ruderalstellen (aufgebrochene Stellen, an denen der Rohboden zum Vorschein kommt). Er kann aber auch in einen großen Blumentopf gepflanzt werden.

NATURGARTEN MIT MEHRWERT

Zeitmangel wird oft als Grund für eintönige Rasen- und Steinwüsten im Garten genannt. Das muss nicht sein! Denn in einem Naturgarten bedeutet weniger Pflegeaufwand oft ein großes Plus an Strukturen und Blüten und damit an Artenvielfalt. Auch wir selbst bekommen so ein naturnahes, wunderbar wildes und lebenswertes Umfeld.

Weniger ist mehr

Strukturen kannst du auch durch Nichtstun schaffen. Lass einen Teil deiner Wiese oder abgeblühte Stauden über den Winter stehen. Auch Brennnesseln können an manchen Stellen einfach wachsen. Vielleicht siehst du im nächsten Jahr schon mehr Tagpfauenaugen im Garten? Es sieht vielleicht ein bisschen wild aus. Aber seien wir mal ehrlich, ein Lebensraum ist – wie manchmal eben auch unser Wohnraum – unordentlich. Viel wichtiger ist doch, dass man ein lebenswertes Umfeld schafft. Eine Vielzahl von Tieren findet so Unterschlupf und Nahrung über den Winter.

Rasen versus Blumenwiese

Angeblich pflegeleicht, muss der Rasen nicht nur sehr regelmäßig gemäht, sondern auch gewässert und gedüngt werden. Der Rasen ist so zwar sehr grün und gepflegt, für Insekten und andere Tiere aber eine trostlose Wüste – etwa so wie eine Straße. Und außerdem findet unsere wohlverdiente Ruhe zu Hause im Garten oft durch das Mähen der Nachbarn ein jähes Ende.

Mit einer heimischen Blumenwiese schenkst du nicht nur unzähligen Tieren und Pflanzen eine Heimat, du gewinnst auch mehr Zeit. Denn einmal etabliert, ist sie sehr pflegeleicht: Angepasste, heimische Pflanzen müssen weder bewässert noch dürfen sie gedüngt werden. Gemäht wird solch eine Wiese ebenfalls selten.

Weniger mähen

Indem du weniger mähst und aufräumst, schaffst du mehr Blüten- und Strukturvielfalt und damit Lebensraum für Tiere. Artenreiche Wiesen werden nur ein- bis dreimal pro Jahr gemäht. Das Mahdgut lässt du zum Trocknen auf der Fläche liegen, bevor du es entfernst. Nur so haben die Blütenpflanzen die Möglichkeit, sich zu versamen. Blütenbesucher finden auf selten gemähten Wiesen eine große Vielfalt von Nektar und Pollen.

Altgrasstreifen – jetzt wird's wild!

Lässt man jährlich wechselnde Bereiche einer Wiese über den Winter stehen, spricht man von Altgrasstreifen. Diese Bereiche bieten nicht nur Blüten und Samen für viele Insekten, die stehenden Halme sind auch Unterschlupf für viele Tiere.

Einige Insekten, wie beispielsweise manche Heuschrecken, legen ihre Eier in Pflanzenstängel. Werden die Halme regelmäßig abgemäht, können sich ihre Eier und Larven nicht entwickeln.

Strukturen, Strukturen, Strukturen

- In Pflasterritzen und Fugen wachsen richtige Überlebenskünstler des Pflanzenreichs. Verzichte auf das Jäten und schaffe so Ressourcen für Blütenbesucher.
- Anfallender Grünschnitt, Reisig und Laub, das zwischen Sträuchern aufgeschichtet wird, bietet Unterschlupf für viele Tiere, wie Igel oder Amphibien.
- Auch Brennnesseln sind wertvoll, sie bieten Nahrung für viele Schmetterlingsraupen, wie die der Tagpfauenaugen.
- Weniger Ordnung, mehr Leben: Totholz, wie ein Baumstumpf oder ein toter Ast, sind die Gelegenheit, sich Leben in den Garten zu holen! Denn Totholz strotzt nur so vor Leben! Fraßgänge von Käfern können als natürliche Nistgelegenheit für Wildbienen dienen.

Totholz ist lebendiger, als man denken könnte. Viele Insekten leben vom und im Totholz.

Geben und Nehmen

Schaffst du eine Vielfalt an pflegeleichten Pflanzen und lebenswerten Strukturen im Garten, hast du nicht nur mehr Zeit für dich, du bekommst von der Natur so viel zurück! Vielleicht wachsen in deinem Garten Erdbeeren oder ein Apfelbaum? Schaffst du Nistplätze und Nahrungsressourcen für Bestäuber, wirst du von den Wildbienen mit einer üppigeren Apfelernte belohnt. Vielleicht werden deine Erdbeeren auch von Blattläusen befallen? Mit einem naturnahen Garten schaffst du Lebensraum für natürliche Feinde, wie Wespen, Marienkäfer, Fledermäuse und Vögel. Je naturnäher dein Garten, desto wahrscheinlicher ist es, dass sich ein ökologisches Gleichgewicht einpendelt.

Beobachten der heimischen Natur

Stress und Zeitmangel sind in unserer Gesellschaft überall präsent. Deshalb gibt es ein großes Bedürfnis nach Ausgleich – ob bei sportlichen Outdooraktivitäten oder über Achtsamkeit. Sicher ist, viele suchen den Ausgleich in der Natur. Uns allen tut es gut, nach draußen an die frische Luft zu gehen, Vogelgezwitscher bewusst wahrzunehmen, Moos unter den Füßen zu spüren, die würzige Waldluft einzuatmen.

Nicht jeder hat das Glück, in einer naturnahen Umgebung zu wohnen. In Deutschland gibt es vielerorts intensiv genutzte Landschaft mit sehr monotonen Äckern, Grünland oder Fichtenforst. Umso wichtiger und lohnenswerter ist es, sich ein Stück Natur und Wildheit in den Garten zu holen. Man schafft nicht nur Lebensraum für Tiere und Pflanzen, man schafft sich selbst eine kleine Oase zur Entspannung. Nichts geht zum Beispiel über den würzigen Geschmack eigener Kräuter. Lässt man sie blühen, wird man überrascht sein, wer so alles zu den Blüten von Thymian, Basilikum und Minze kommt (Seite 36).

Hat man erst einmal seinen Blick für die kleinen Tiere geschärft, staunt man über die Vielzahl an Fliegen, Käfern, Bienen, Hummeln, Wespen und Schmetterlingen im Garten. Je länger man sich Zeit nimmt, desto neugieriger wird man. Man will nicht nur wissen, wie die Tiere heißen, man interessiert sich vielleicht auch dafür, warum sie zu dieser bestimmten Pflanze kommen, wo sie wohnen, wie sie leben.

Du musst nicht von heute auf morgen den kompletten Garten umgestalten. Schon kleine Dinge machen einen großen Unterschied.

FEATURE

WILDBIENEN-EXPERTEN ÖFFNEN IHRE GÄRTEN

Garten von Olaf Diestelhorst
Auch ein kleiner und eher schattiger Garten kann zu einem Eldorado für Wildbienen werden – wie hier in Düsseldorf. Am Heckenrand wachsen Wald-Witwenblumen und Berg-Flockenblumen, während sich eine Zaunrübe an der Hecke hochrankt. In Töpfen sind Glockenblumen, Beinwell und Margeriten gepflanzt. Neben Schilf- und Holznisthilfen gibt es auch lehmgefüllte Holzkisten, in denen mehrere Bienenarten nisten.

Garten von Hans Schwenninger

Kaum zu glauben, aber dieses kleine Wildbienenparadies befindet sich auf einem Garagendach in Stuttgart. Auf einer 60 cm starken Schicht Lösslehm wurde regionales Saatgut angesät. Nun blühen hier Esparsetten, Witwenblumen, Hornklee und viele weitere Arten. Im Lehmboden nisten verschiedene Bienenarten, außerdem bieten im angrenzenden Garten abgestorbene Bäume und Pfosten mit befestigten Brombeerstängeln zusätzliche Nistplätze.

Lehrgarten an der Universität Würzburg

Der Lehrgarten des Lehrstuhls Tierökologie wurde unter Leitung von Dr. Antonia Mayr speziell für Wildbienen konzipiert. Besonderer Wert wurde dabei auf vielfältige Nistmöglichkeiten gelegt. Neben einem großen Nisthilfen-Regal mit Schilfhalmen und angebohrten Holzblöcken gibt es eine Steilwand, Sandflächen, einen Sandhügel und einen großen Totholzhaufen. Natürlich ist auch viel Blühendes als Wildbienennahrung zu finden: von der Kräuterspirale über verschiedenste Stauden bis hin zu Obstbäumen.

NAHRUNG FÜR DIE BIENEN

Wildbienen und Pflanzen stehen in sehr enger Beziehung zueinander, weil sie sich evolutiv gemeinsam entwickelt haben. Bei den Bienen ernähren sich auch die Larven rein pflanzlich – von Pollen und Nektar. Weil selbst der Schlupf der Bienen und die Blütezeit eng aufeinander abgestimmt sind, brauchen Wildbienen heimische, regional angepasste Pflanzensorten.

NAHRUNGSANSPRÜCHE DER WILDBIENEN

Die erwachsenen Bienen ernähren sich von Nektar und sind dabei weniger anspruchsvoll als bei der Nahrung für ihren Nachwuchs. Denn Bienenweibchen verbringen einen großen Teil ihres Lebens damit, den geeigneten Pollen und Nektar für ihren Nachwuchs zu sammeln. Sobald eine ausreichende Menge eingesammelt und in eine Kammer im Nest gebracht wurde, legt das Weibchen ein Ei auf den Futtervorrat. Der Nachwuchs kann sich nur mit geeignetem Pollen entwickeln. Die verschiedenen Bienenarten sind dabei unterschiedlich stark spezialisiert.

Polylektie

Sogenannte polylektische Bienen – etwa 70% der Bienenarten gehören dazu – können Pollen einer Vielzahl von Pflanzen nutzen. Ein Beispiel ist die Rote Mauerbiene (*Osmia bicornis*). Sie nutzt Pollen von 18 Pflanzenfamilien, die jeweils aus einer Vielzahl von Gattungen und Arten bestehen. Das ist mit ein Grund, weshalb diese Biene fast überall häufig vorkommt.

Oligolektie

Etwa 30% unserer Bienenarten sind oligolektisch. Sie sammeln nur Pollen von einer Pflanzenfamilie oder sogar von nur einer Gattung – die Arten sind verschieden stark spezialisiert. Ein Beispiel für eine streng oligolektische Biene ist die Zaunrüben-Sandbiene (*Andrena florea*). Sie sammelt nur Pollen von Zaunrüben (Gattung *Bryonia*), die bei uns mit zwei Arten vorkommt. Ohne Zaunrübe fehlt auch die Biene dazu.

Bienentankstellen

In jedem Bau- und Supermarkt gibt es Saatgutmischungen für Bienenweiden. Gut gemeint ist allerdings noch lange nicht gut gemacht. Diese Mischungen enthalten oft viele Kulturarten, wie Sonnenblumen oder Buchweizen, oder noch schlimmer exotische Arten wie Schmuckkörbchen und Co. Solche Mischungen sind für viele Wildbienen absolut wertlos, da sie entweder gar nicht von ihnen genutzt werden oder nur als „Tankstelle" für Nektar. Ohne den richtigen Pollen gibt es jedoch keinen Nachwuchs!

Wenn man nicht genau weiß, ob die Mischung einheimische Arten enthält, helfen folgende Indizien: Ungeeignete Mischungen sind meist einjährig und schreiend bunt, außerdem darf die Aussaat erst ab Mai erfolgen. Hintergrund ist, dass die verwendeten Pflanzenarten Frost nicht aushalten. Solche Mischungen haben kaum Vorteile für Wildbienen. Und auch für uns sind sie arbeitsintensiv: Sie sind

Egal ob polylektisch oder oligolektisch, für eine sinnvolle Unterstützung der Wildbienen sollte eine möglichst große Vielfalt an heimischen und regional angepassten Pflanzen zur Verfügung stehen.

einjährig und müssen jedes Jahr neu angelegt werden. Durch das ständige Neubearbeiten der Fläche kann auch kein Lebensraum für heimische Insekten entstehen.

Gutes Saatgut ist regio-zertifiziert (RegioZert® oder VWW-Regiosaaten®). Regionales Saatgut stellt nicht nur sicher, dass die Pflanzen einheimisch sind. Sie sind auch an die jeweiligen Regionen angepasst. Damit passen auch die Schlupfzeiten der Bienen zu den Blühzeitpunkten ihrer Pollenlieferanten. Es ist in der Anschaffung zwar teurer. Wenn man die Fläche aber entsprechend pflegt, handelt es sich dabei um eine einmalige Ausgabe! Mögliche Bezugsquellen finden Sie auf Seite 122.

POLLEN UND NEKTAR

Pollen dient der Fortpflanzung von Pflanzen. Er enthält viel Eiweiß und Mineralstoffe. Als Nahrungsbrei, zusammen mit etwas Nektar, ist er die Nahrung für die Larven der Bienen. Auch Blütenöle dienen zwei Bienenarten als Larvennahrung.

Nektar wird von den Pflanzen zum Anlocken ihrer Bestäuber produziert. Jeder, der schon einmal an einer Taubnessel- oder Kleeblüte gelutscht hat, weiß, wie zuckersüß der Nektar ist. Er dient als Hauptnahrung der erwachsenen Bienen und als Zusatz zum Futter der Larven.

KRÄUTER BLÜHEN LASSEN

Kräuter werden gern im Garten und auf dem Balkon kultiviert. Als einfache Hilfe für die Wildbienen kannst du die Kräuter einfach mal blühen lassen – denn Kräuter können Nektar- und Pollenquellen für Wildbienen sein. Manche Kräuter sind sogar für spezialisierte Arten von besonderer Bedeutung.

Thymian, Minze, Basilikum …

Die Mehrheit unserer Gartenkräuter gehört zu den Lippenblütlern (Lamiaceae); so schmackhafte Kräuter wie Thymian, Oregano, Minze oder Basilikum gehören zu dieser Familie. Die Reihe lässt sich mit Bohnenkraut, Rosmarin, Salbei und vielen anderen fortsetzen. All diese Pflanzen sind aufgrund ihrer ätherischen Öle aromatische Würzmittel. Wer seine kulinarischen Schätze mit den Wildbienen teilen will, lässt einige Triebe stehen, damit sie zum Blühen kommen. All diese Pflanzen sind gute Nektarquellen. Manche, wie Oregano, Salbei und Thymian, werden auch als Pollenquelle genutzt.

Petersilie, Dill, Koriander …

Auch Doldenblütler (Apiaceae) sind beliebte Gewürzpflanzen. Beispiele sind Petersilie, Dill und Liebstöckel, aber auch Koriander gehört dazu. Lässt man sie blühen, kann man dadurch einige Bienenarten fördern. Bei der Petersilie muss man relativ lange auf die Blüte warten, sie blüht erst im Jahr nach der Aussaat und ist für uns dann ungenießbar. Mit Doldenblütlern fördert man insbesondere kleine und kurzrüsselige Bienen, da die kleinen Einzelblüten leicht zugänglich sind. Auch Schwebfliegen sind hier häufige Besucher.

Schnittlauch

Der Schnittlauch (*Allium schoenoprasum*), ein Lauchgewächs, ist bei uns wohl ursprünglich im Alpenvorland und an größeren Flüssen wie Rhein, Mosel oder Elbe heimisch. Seinen Siegeszug in die heimischen Gärten verdankt er seinen ätherischen Ölen, die ihn so schmackhaft machen. Wenn man genug Schnittlauch hat, sollte man einige Triebe zur Blüte kommen lassen. Insbesondere die kleinen Maskenbienen kommen an die Blüten, um Nektar zu trinken oder um Pollen zu sammeln.

GEMÜSE BLÜHEN LASSEN

Kräuter blühen zu lassen, ist nichts allzu Besonderes. Wie wäre es mal mit blühendem Gemüse? So kann auch das Gemüsebeet zu einem Wildbienen-Paradies werden. Beim Aussäen sollte man sogenanntes samenfestes Saatgut verwenden. Daraus gezogene Pflanzen sind nicht steril (unfruchtbar) und produzieren auch Pollen. Außerdem kann man so sein eigenes Saatgut erzeugen und in der nächsten Saison weiterverwenden.

Kohl

Gemüse-Kohl (*Brassica oleracea*) wurde besonders formenreich gezüchtet: Rosenkohl, Grünkohl oder Brokkoli gehören dazu und sind Varietäten einer einzigen Art. Wenn man sie blühen lässt, können sie alle Nahrung für Wildbienen bieten. Allerdings muss man dafür selbst auf die Ernte von Kohlkopf oder Röschen verzichten. Aber wenn man Kohl auf dem Teller nicht mehr sehen kann oder die Kohl-

pflanzen sehr klein oder vielleicht angefressen sind, kann man sie zur Blüte kommen lassen. Damit tut man einigen Sand- und Pelzbienen, aber auch der spezialisierten Schöterich-Mauerbiene (*Osmia brevicornis*) etwas Gutes.

Salat

Wie beim Kohl, gingen auch viele verschiedene Salate (*Lactuca sativa*) aus einer Art hervor. Auch sie kann man blühen lassen, besonders wenn Schnecken sich schon über die Blätter hergemacht haben oder der Salat zu schießen beginnt. Pflücksalat beginnt meist auch zu blühen, obwohl die größeren Blätter geerntet wurden. Die Blüten vom Salat sind zwar nicht so attraktiv wie andere Blumen, trotzdem werden sie im Hochsommer, einer recht blütenarmen Zeit, von manchen Bienen und Fliegen besucht.

Zwiebel

Die Küchenzwiebel (*Allium cepa*) blüht erst im zweiten Jahr bei der Aussaat aus Samen. Wenn man jedoch größere Steckzwiebeln pflanzt, blühen diese meist noch im selben Jahr. Auch vom Küchenlauch bzw. Porree (*Allium porrum*) kann man einige Stangen über den Winter stehen lassen; sie kommen dann im Sommer zur Blüte. Die Lauch-Gattung (*Allium*) ist besonders wichtig für die Lauch-Maskenbiene (*Hylaeus punctulatissimus*), die ihren Pollen ausschließlich dort sammelt. Sie kommt vor allem in wärmeren Gebieten Mittel- und Süddeutschlands vor. Auch weitere Arten wie Furchen- und Sandbienen besuchen Lauchblüten.

HEIMISCHE WILDBIENEN-PFLANZEN

Die Auswahl an blühenden Pflanzen für den Garten ist schier grenzenlos. Jedoch ist nur ein kleiner Teil als Pollenquelle für Wildbienen geeignet. Generell sollte man auf heimische Arten zurückgreifen, denn diese sind die natürliche und beste Nahrungsquelle. Auf den kommenden Seiten stellen wir vom kleinen Kraut bis zum großen Baum einige vor, die für Wildbienen, darunter einige spezialisierte Arten, besonders wichtig sind.

Stauden

Verschiedenste Stauden stellen die abwechslungsreichste Nahrungsquelle im Garten dar. Sie können in Töpfe oder Beete gepflanzt werden oder als Blumenwiese ein reichhaltiges Buffet für Bienen bieten. Selbst auf dem Balkon kann man so eine ganze Reihe an Bienenarten fördern und beim emsigen Treiben beobachten.

Pflanzen am Teichrand

Einige Stauden mögen einen feuchten Standort und sind daher am Teichrand oder anderen Feuchtstellen gut aufgehoben. Darunter sind auch Pflanzen zu finden, die besonders spezialisierte Bienen anlocken. Es lohnt sich also, auch den Teichrand bienenfreundlich zu gestalten.

Zwergsträucher

Einige Zwergsträucher sind für Wildbienen eine gute Nahrungsquelle. Manche davon, wie die Heidelbeere, bieten nach erfolgreicher Bestäubung auch Kulinarisches für uns Menschen. Da sie wenig Platz brauchen, können sie auch in einem kleinen Garten oder sogar auf dem Balkon wachsen. So kann man selbst hoch spezialisierte Arten fördern, die als Pollenquelle nur Zwergsträucher, wie Heidekraut oder Heidelbeere, nutzen.

Sträucher

Sträucher sind einzeln gepflanzt und insbesondere als Wildgehölzhecke äußerst wertvoll für die tierische Artenvielfalt. Auch Wildbienen können dort Nahrung finden: Aufgrund ihrer Größe können manche blühenden Sträucher eine äußerst attraktive Nahrungsressource sein! Pluspunkt für uns Menschen: Frei wachsende Wildgehölzhecken bieten dem Gartenbesitzer nicht nur Sichtschutz, sondern auch Früchte.

Kletterpflanzen

Wenn man schon eine Hecke besitzt, kann man daneben, an einer sonnigen Stelle, auch Kletterpflanzen in die Hecke wachsen lassen. Alternativ dient natürlich auch ein Gartenzaun, ein Rankgerüst oder Ähnliches als Kletterhilfe. Damit kann man manche sehr wählerische Wildbienen fördern. Dies geht mit manchen Arten relativ schnell, bei anderen, wie dem Efeu, braucht man hingegen viel Geduld, bis die Pflanze Blüten bildet.

Bäume

Wer Platz im Garten hat, sollte unbedingt Bäume pflanzen. Sie bieten im Falle von Obstbäumen nicht nur dem Gartenbesitzer Vitamine aus dem eigenen Garten, sondern dienen auch den Wildbienen als Nahrung. Manche Bäume sind eine enorm große Nektar- und Pollenquelle auf kleiner Fläche. Bei einem Kirschbaum ist das offensichtlich, aber auch Ahorn-Arten werden gerne von einigen Wildbienen besucht und selbst Eichen werden als Pollenquelle genutzt.

STAUDEN

Futter-Esparsette

Onobrychis viciifolia

Die Futter- oder Saat-Esparsette ist durch ihre tiefen Wurzeln gut an trockene Lebensräume, wie Halbtrockenrasen, angepasst. Damit ist sie auch im Garten ohne viel Aufwand zu kultivieren. Dort passt sie gut in einen Magerrasen. Esparsetten werden von einer ganzen Reihe Wildbienen, wie Sand- und Schmalbienen, besucht. Auch einige sogenannte Bauchsammler, die Pollen mit einer speziellen Behaarung an ihrem Bauch, einer sogenannten Bauchbürste, sammeln, nutzen diesen Schmetterlingsblütler gern.

Färber-Hundskamille

Anthemis tinctoria

Die Färber-Hundskamille ist nicht nur bei einigen Seidenbienen sehr beliebt. Auch Löcherbienen (*Heriades*) und die Bedornte Schneckenhausbiene (*Osmia spinulosa*) sammeln hier Pollen. Sie laufen mit dem Hinterleib klopfend über die Blüte und bringen den Pollen so in ihre Bauchbürste. Die anspruchslose Färber-Hundskamille sät sich gut auf offenem Boden aus und produziert so innerhalb weniger Jahre ein wahres Blütenmeer. Auch der nah verwandte Rainfarn (*Tanacetum vulgare*) ist wie die Färber-Hundskamille ein echter Bienenmagnet.

Echtes Lungenkraut

Pulmonaria officinalis

Das Echte Lungenkraut blüht bereits früh im Jahr, von März bis Mai. Deshalb ist es bei verschiedenen Frühjahrsbienen, wie der Frühlings-Pelzbiene (*Antophora plumipes*) oder einigen Mauerbienen wie der seltenen Lungenkraut-Mauerbiene (*Osmia pilicornis*), sehr beliebt. Die heimischen Lungenkräuter wachsen wild hauptsächlich in Laubmischwäldern und bevorzugen daher auch im Garten etwas schattigere und humusreiche Standorte. Die beiden häufigsten heimischen Arten sind das Echte und das Dunkle Lungenkraut (*Pulmonaria obscura*).

Feld-Mannstreu

Eryngium campestre

Trotz seines wehrhaften, dornigen Aussehens ist der Feld-Mannstreu bei einigen Sandbienen hoch begehrt. Er kommt bei uns wild in Trockengebieten auf mageren, sandigen Böden vor. Im Garten ist er somit anspruchslos. Der Feld-Mannstreu gehört in Deutschland zu den besonders geschützten Pflanzen und darf daher nicht in der Natur ausgegraben werden. Als Alternative gibt es den Flachblättrigen Mannstreu (*Eryngium planum*) im Pflanzenhandel. Man sollte aber beim Kauf auf die Wildform achten und keine Sorten, wie 'Blauer Zwerg' oder 'Blaukappe', kaufen.

Gelbe Resede

Reseda lutea

Die Gelbe Resede und die größere Färber-Resede (*Reseda luteola*) sind besonders bei kleineren Wildbienen beliebt. Beide Pflanzen wachsen wild an Wegrändern, Schuttplätzen und Steinbrüchen. Viele Bienen und Wespen trinken ihren Nektar. Masken- und Wollbienen sammeln darüber hinaus auch den Pollen. Die Reseden-Maskenbiene (*Hylaeus signatus*) ist sogar ganz vom Pollen der Reseden abhängig. Die Pflanzen können im Topf auf dem Balkon, aber auch an Säumen sowie Rändern von Einfahrten und Wegen angesät werden.

Acker-Witwenblume

Knautia arvensis

Die Acker-Witwenblume wächst nicht nur an Acker- und Wegrändern, sondern auch auf extensiv genutzten Wiesen oder Halbtrockenrasen. Sie gehört definitiv zur Grundausstattung eines Wildbienen-Gartens und wird von den verschiedensten Wildbienen und vielen anderen Insekten besucht. Die Acker-Witwenblume lockt sogar spezialisierte Arten, wie die große Knautien-Sandbiene (*Andrena hattorfiana*, im Bild) in den Garten. Sie passt in eine Blumenwiese oder kann einzeln im Topf den Garten oder Balkon bereichern. An schattigeren Stellen kann man eine nahe Verwandte, die Wald-Witwenblume (*Knautia dipsacifolia*), pflanzen.

Deutscher Ziest

Stachys germanica

Der Deutsche Ziest ist in der freien Landschaft selten geworden. Er wächst gern auf mageren Kalkstandorten wie Halbtrockenrasen oder an wenig genutzten Weg- und Waldrändern. Zu Hause lässt er sich im Topf ziehen, passt aber auch in einen Magerrasen oder an den Rand des Steingartens. Seine wollig behaarten Blätter nehmen Wollbienen als Baumaterial; sie nutzen ihn auch als Nahrungsquelle. Bisher ist er leider nur selten im Pflanzenhandel erhältlich, daher muss man eventuell auf den nicht einheimischen, aber bei Wollbienen genauso beliebten Woll-Ziest (*Stachys byzantina*) zurückgreifen.

Heil-Ziest

Betonica officinalis

Der Heil-Ziest, auch Betonie genannt, wurde früher als Heilpflanze bei Asthma und Bronchitis eingesetzt. Er kommt auf nährstoffarmen Böden, in Feuchtwiesen, aber auch in Magerrasen vor. Die Wald-Pelzbiene (*Antophora furcata*), die Garten-Wollbiene (*Anthidium manicatum*) oder die seltenen Schlürfbienen (*Rophites*) fliegen auf den Heil-Ziest. Kultivieren lässt er sich einfach in einem Topf oder auf mageren Standorten im Garten. Auch im Winter machen die vertrockneten Blütenstände noch eine gute Figur und bringen Struktur in den Garten.

TEICHRAND-STAUDEN

Gewöhnlicher Beinwell

Symphytum officinale

An feuchten Stellen wächst der Gewöhnliche Beinwell. Er wird bis zu 1 m groß. Sein Nektar befindet sich am Grund von tiefen Blütenkelchen. Deshalb erreichen ihn nur Bienen mit langen Zungen, wie Pelzbienen (im Bild) und Hummeln. Hummeln haben allerdings auch eine andere Technik entwickelt, sie begehen „Nektarraub". Sie beißen die Blüten seitlich auf, um an den Nektar zu kommen und ihn zu trinken – doch die Blüte wird dabei nicht bestäubt. Der eher kleinwüchsige Knotige Beinwell (*Symphytum tuberosum*) eignet sich als Bodendecker für schattige Stellen.

Gewöhnlicher Gilbweiderich

Lysimachia vulgaris

Der Gewöhnliche Gilbweiderich ist als Ölblume eine Besonderheit der heimischen Flora und wächst an Feuchtstellen und Grabenrändern. Er produziert ein fetthaltiges Öl anstelle von Nektar. Es gibt zwei heimische Schenkelbienen, die sich auf das Sammeln seines Pollens und Öls spezialisiert haben. Neben dem Gewöhnlichen Gilbweiderich ist auch der Punktierte Gilbweiderich (*Lysimachia punctata*) eine Ölblume. Er stammt ursprünglich aus Ost-Europa und wird im Handel angeboten. Da er unterirdische Ausläufer bildet, muss man ihn im Garten manchmal etwas zurückdrängen.

Zungen-Hahnenfuß

Ranunculus lingua

Der Zungen-Hahnenfuß ist eine der größten heimischen Hahnenfuß-Arten und hat besonders attraktive Blüten. Er mag es richtig nass und wächst schon lieber im als nur am Teich. Seine großen Blüten mit reichlich Pollen und Nektar locken die verschiedensten Insekten an. Ab Juni, wenn andere Hahnenfuß-Arten schon verblüht sind, kann er für die spezialisierte Hahnenfuß-Scherenbiene (*Chelostoma florisomne*) noch eine Pollenquelle sein.

Blut-Weiderich

Lythrum salicaria

Im Hochsommer ziehen die leuchtend roten Blütenstände des Blut-Weiderichs zwei Bienenarten magisch an. Die Männchen der Blutweiderich-Sägehornbiene (*Melitta nigricans*) patrouillieren in der Hoffnung, ein Weibchen zu treffen, an den Blütenständen. Diese Art ist in Deutschland weit verbreitet, während die seltene Blutweiderich-Langhornbiene (*Eucera salicariae*, im Bild) fast nur am Oberrhein vorkommt. Am liebsten wächst der Gewöhnliche Blut-Weiderich an feuchten Stellen in Wiesen und Gräben oder an Teichrändern. Hier kann er auch im Garten seinen Platz finden.

ZWERGSTRÄUCHER

Dornige Hauhechel

Ononis spinosa

Hauhechel wachsen an trockenen, sonnigen Böschungen und locken dort die verschiedensten Wildbienen an. Einige Blattschneiderbienen (*Megachile*; im Bild) und die Garten-Wollbiene (*Anthidium manicatum*) fliegen besonders gern die Hauhechel an. Im Garten passt sie gut in den Magerrasen oder in den Steingarten. Auch im Topf wächst sie an einer sonnigen Stelle. In der freien Natur findet man die Kriechende oder Dünen-Hauhechel (*Ononis repens*) etwas häufiger als die Dornige Hauhechel, sie wird jedoch seltener im Pflanzenhandel angeboten.

Heidekraut

Calluna vulgaris

Das Heidekraut ist die wichtigste Pollenquelle der Heidekraut-Seidenbiene (*Colletes succinctus*; im Bild) und der Heidekraut-Sandbiene (*Andrena fuscipes*). Auch weitere Wildbienen erfreuen sich am Heidekraut, das erst im Spätsommer blüht und das Ende des Bienenjahres einläutet. Natürlicherweise wächst das Heidekraut an mageren und kalkarmen Standorten. Es ist im Garten neben Heidelbeeren und Preiselbeeren gut aufgehoben, bevorzugt aber einen sonnigeren Platz.

Heidelbeere

Vaccinium myrtillus

Die Heidelbeere oder Blaubeere blüht etwas unscheinbarer als viele andere Pflanzen. Doch Wildbienen, wie die Heidelbeer-Sandbiene (*Andrena lapponica*), werden sie trotzdem finden. Da die Heidelbeere kalkhaltige Böden meidet, findet man sie oft in lichten Nadelwäldern oder in Heiden. Im Garten passt sie gut auf magere Böden an einem halbschattigen Standort. Daneben kann man auch gut die Preiselbeere (*Vaccinium vitis-idaea*) pflanzen, die für einige Wildbienen ebenso interessant ist.

Kriech-Weide

Salix repens

Weiden sind im Frühjahr für viele Wild- und Honigbienen eine wichtige Nahrungsressource. Weiden sind zweihäusig, eine Pflanze ist entweder weiblich oder männlich, und nur die männlichen Pflanzen bilden Pollen. Bei den Sandbienen gibt es einige auf Weiden spezialisierte Arten, aber auch viele nicht spezialisierte Wildbienen sammeln dort Pollen und Nektar. Wer nicht genügend Platz im Garten für einen größeren Strauch oder Baum hat, kann eine Kriech-Weide pflanzen. Diese Art wächst wild auf Dünen, Heiden und in Mooren. Sie stellt somit auch im Garten keine hohen Ansprüche.

STRÄUCHER

Blasenstrauch

Colutea arborescens

Der Blasenstrauch hat seinen Namen von den blasenförmigen Früchten, die ihn zu einem dekorativen Zierstrauch machen. Das wärmeliebende Gehölz bevorzugt magere, kalkhaltige Böden und blüht von Juni bis August. Es gehört zu den Schmetterlingsblütlern und zieht besonders Bauchsammler (Seite 108) wie Blattschneiderbienen an. Da der Blasenstrauch sehr groß werden kann, muss man ihn eventuell von Zeit zu Zeit zurückschneiden, was er aber gut verträgt.

Brombeeren

Rubus spec.

Brombeeren zählen zu den beliebtesten Sträuchern der Wildbienen. Sie sind genau genommen nur Scheinsträucher, da ihre Triebe nach zwei Jahren absterben. Dieser Umstand macht sie auch als Nistplatz für sogenannte Stängelnister begehrt. Man kann Brombeerhecken somit als Nistplatz einfach sich selbst überlassen oder die abgestorbenen Zweige abschneiden und senkrecht und einzeln befestigen (Seite 72). Viele Wildbienen, darunter Furchen-, Mauer- und Sandbienen, sammeln den Pollen von Brombeeren. Natürlich freuen sich auch Gartenbesitzer und Vögel über die Früchte.

Blutroter Hartriegel

Cornus sanguinea

Als typischer Heckenstrauch ist der Blutrote Hartriegel in ganz Deutschland verbreitet und passt in jeden Garten. Er produziert während der Blütezeit von Mai bis Juni viel Nektar und ist daher bei Wildbienen, Honigbienen und anderen Insekten beliebt. Einige unspezialisierte Arten, unter anderem Sandbienen-Arten, nutzen ihn als Pollenquelle. Der Blutrote Hartriegel hat keine besonderen Ansprüche an den Standort im Garten, und man kann ihn problemlos zurückschneiden. Im Winter bringen seine roten Zweige auch einen kleinen Farbtupfer in den Garten.

Strauchiger Hufeisenklee

Hippocrepis emerus

Der Strauchige Hufeisenklee, auch Strauchwicke genannt, bildet zur Blütezeit im Mai und Juni ein gelbes Blütenmeer, ähnlich wie ein Ginster. Er wird eifrig von Hummeln und Pelzbienen besucht, die seine wichtigsten Bestäuber sind. Mit mageren und trockenen Böden kommt er gut zurecht. Da er nur 1–2 m groß wird, passt er auch in einen kleinen Garten. Wild wachsend kommt der Strauchige Hufeisenklee in Deutschland nur im äußersten Süden vor, in Österreich und der Schweiz ist er weiter verbreitet.

Hunds-Rose

Rosa canina

Die Hunds-Rose bietet reichlich Pollen, allerdings keinen Nektar. Insbesondere Hummeln nutzen den Pollen gerne. Auch einige Sandbienen und Mauerbienen werden von den attraktiven Blüten angelockt. Die Hunds-Rose sollte in keiner Wildstrauchhecke fehlen, denn ihre Früchte (Hagebutten) sind im Herbst nicht nur für Vögel interessant. Aus den roten Früchten lässt sich Marmelade machen oder in getrockneter Form Tee zubereiten. Generell sollte man nur Rosen mit ungefüllten Blüten kaufen, dann können auch die gezüchteten Sorten noch als Pollenquelle dienen.

Rote Johannisbeere

Ribes rubrum

Nicht nur bei Gartenbesitzern ist die Rote Johannisbeere eine beliebte Pflanze, auch für die Rotpelzige Sandbiene (*Andrena fulva*; im Bild) sind die Blüten ein Leckerbissen. Sie bestäubt mit anderen Sandbienen-Arten die Johannisbeerblüten. Damit sorgen sie für eine reiche Ernte. Gleiches gilt auch für die Schwarze Johannisbeere und die verwandte Stachelbeere (*Ribes uva-crispa*). Wild wachsen Johannis- und Stachelbeeren in Wäldern und Gebüschen und sind daher auch im Garten sehr schattentolerant.

Schlehe

Prunus spinosa

Im Frühjahr ist die Schlehe eine begehrte Nahrungsquelle für Wildbienen. Viele Sand- und Mauerbienen nutzen sie als Pollenlieferant, auch die Rotschopfige Sandbiene (*Andrena haemorrhoa*, im Bild). Die Blütezeit der Schlehe ist zwar relativ kurz, aber ihre Früchte sind im Winter auch bei Vögeln sehr begehrt – auch der Mensch profitiert bei der Schlehe von den Früchten. Man kann sie nach dem ersten Frost zu Marmelade verarbeiten.

Weißdorn

Crataegus spec

Der Weißdorn, von dem es mehrere heimische Arten gibt, produziert Nektar und Pollen, der von einigen Sandbienen wie der Grauschwarzen Düstersandbiene (*Andrena cineraria*, im Bild) gesammelt wird. Der dornige Strauch wird gern in Hecken gepflanzt und kann mit der Zeit auch zu einem kleinen Baum heranwachsen. Die Früchte können zur Herstellung eines Likörs verwendet werden, sind aber auch bei Vögeln sehr beliebt.

KLETTERPFLANZEN

Gewöhnlicher Efeu

Hedera helix

Der Efeu ist die ultimative Kletterpflanze und im Herbst eine gut besuchte Pollen- und Nektarquelle für verschiedenste Insekten. Zwar gibt es nur eine Wildbienenart, die Efeu-Seidenbiene (*Colletes hederae*; im Bild), die hier regelmäßig anzutreffen ist, dafür mag diese den Efeu besonders gerne. Bis ein neu gepflanzter Efeu Blüten bildet, können allerdings zehn Jahre vergehen. Hier ist also Geduld gefragt, und auch der Standort will gut überlegt sein, denn ein Efeu kann bekanntlich ganze Häuser bewachsen.

Breitblättrige Platterbse

Lathyrus latifolius

Mit ihren großen, pinkfarbenen Blüten ist die Breitblättrige Platterbse wirklich ein Hingucker. Sie wird gern von großen und auffälligen Wildbienen, wie Holz- und Blattschneiderbienen, aber auch Hummeln, besucht. Die Breitblättrige Platterbse mag es zwar warm und sonnig, ist aber ansonsten nicht anspruchsvoll. Ähnlich, aber etwas dezenter, ist die Wald-Platterbse (*Lathyrus sylvestris*). Sie zieht eine noch größere Zahl von Arten an, darunter die Langhornbienen. Beide Pflanzenarten lassen sich gut aus Samen ziehen und sind langlebig.

Zaun-Wicke

Vicia sepium

Die Zaun-Wicke ist eine eher unscheinbare Kletterpflanze, kann aber sehr ausdauernd blühen. Sie mag nährstoffreiche Böden und wächst gern am Heckenrand, aber auch am Gartenzaun. Sie wird von verschiedensten Bienenarten besucht und ist für einige spezialisierte Arten von besonderer Bedeutung: Die Mai-Langhornbiene (*Eucera nigrescens*) und die Zaunwicken-Sandbiene (*Andrena lathyri*) haben eine besondere Vorliebe für Zaun-Wicken. Aber auch Blattschneiderbienen, Mauerbienen und Hummeln sind hier oft zu Gast.

Rotfrüchtige Zaunrübe

Bryonia dioica

Die Zaunrübe gehört zwar zu den Kürbisgewächsen, ist aber giftig. Dies gilt jedoch nicht für Sand- und Schmalbienen, die den Pollen sammeln. Eine sehr spezialisierte Art ist die Zaunrüben-Sandbiene (*Andrena florea*), die ausschließlich Pollen der Zaunrübe sammelt. Die Rotfrüchtige Zaunrübe ist zweihäusig: Eine Pflanze ist entweder männlich oder weiblich. Um sicherzustellen, dass man männliche Pflanzen mit Pollen im Garten hat, immer mehrere Exemplare ziehen! Man kann sie am Heckenrand oder Gartenzaun ansiedeln, indem man die Beeren mit den Samen auf nährstoffreichen Boden sät.

BÄUME

Feld-Ahorn

Acer campestre

Blüten von Bäumen werden oft nicht als Nahrungsquelle für Wildbienen wahrgenommen. Sie sind unscheinbar und außerhalb unseres Blickfelds. Dabei bieten verschiedene Ahorn-Arten Pollen für einige Sand-, Schmal- oder Mauerbienen. Der Feld-Ahorn ist für den Garten gut geeignet. Er wird nicht groß und stellt kaum Ansprüche an den Standort. In warmen, trockenen Gegenden bieten sich der Spitz-Ahorn (*Acer platanoides*) oder der Französische Ahorn (*A. monspessulanum*) an, in kühleren Gegenden wie den Mittelgebirgen eher der Berg-Ahorn (*A. pseudoplatanus*).

Apfel

Malus domestica

Auch Apfelbäume sind bei Wildbienen beliebt. Die Blüten werden von vielen Arten aus verschiedenen Gattungen, wie etwa Furchen-, Mauer- und Sandbienen und natürlich Hummeln, besucht. Wer das Glück hat, einen großen Garten zu besitzen, sollte verschiedene früh und spät blühende Sorten – vorzugsweise alte regionale Sorten – pflanzen. Bienen haben damit Nahrungsressourcen für einen größeren Zeitraum. Auch für den Gartenbesitzer ist dann die Apfelernte sicherer, falls beispielsweise eine frühe Sorte durch Spätfröste ausfällt.

Süß-Kirsche

Prunus avium

Süß-Kirschen sind bei Mensch und Tier gleichermaßen beliebt. Wildbienen stellen durch ihre effektive Bestäubung sogar die Leistung der Honigbienen in den Schatten und sind maßgeblich für die süßen Früchte verantwortlich. Ein blühender Kirschbaum lockt viele verschiedene Bienen an und ist daher jedem Gartenbesitzer mit genügend Platz zu empfehlen. Wichtig zu wissen ist, dass manche Kirschsorten auf eine Kreuzbestäubung angewiesen sind. Sie müssen also von einem anderen Baum befruchtet werden. In diesem Fall sollten mehrere Bäume gepflanzt werden.

Sal-Weide

Salix caprea

Weiden sind Wildbienen-Bäume! Sie locken viele Arten an, die den Pollen und Nektar nutzen. Manche Sandbienen haben sich ausschließlich auf Weiden spezialisiert. Eine der beliebtesten Arten ist die Sal-Weide. Es lohnt sich aber, mehrere Weiden-Arten zu pflanzen, da sie zu verschiedenen Zeiten blühen. Korb- (*Salix viminalis*), Purpur- (*S. purpurea*) und Silber-Weide (*S. alba*) blühen alle um wenige Wochen versetzt. Weiden sind zweihäusig, also entweder männlich oder weiblich. Nur männliche Bäume produzieren Pollen, sie sind deshalb aus Sicht der Wildbienen zu bevorzugen.

HEIMISCHE BLUMENWIESEN

Blumenwiese ist nicht gleich Blumenwiese, denn sie weisen je nach Standort und Pflege verschiedene Artenzusammensetzungen auf. Allen gemein ist, dass sie eine schier unglaubliche Pflanzenvielfalt beherbergen. Damit sind sie für Wildbienen ein wahres Schlaraffenland.

Viele unserer Wildpflanzen sind zwei- und mehrjährig. Sie bilden im ersten Jahr eine Blattrosette am Boden, wie man es vom Löwenzahn kennt. Erst im zweiten Jahr bilden sie einen Blütenstand. In den meisten Saatgutmischungen sind auch einjährige Arten wie Mohn oder Kornblumen enthalten, damit es im ersten Jahr schon blüht. Pflegt man die Fläche dann entsprechend, erhält sich der Pflanzenbestand von selbst.

Bei Blumenwiesen unterscheidet man drei Typen: die „klassische“ Blumenwiese, den Magerrasen und den Saum.

Typ klassische Blumenwiese

Wenn man an eine klassische Blumenwiese denkt, hat man eine Flachland-Mähwiese oder eine Salbei-Glatthafer-Wiese im Sinn. Je nach Wasser- und Nährstoffverfügbarkeit – alle wachsen auf relativ gut versorgten Standorten – unterscheiden sich die Pflanzenzusammensetzungen. Typische Arten sind Margerite, Salbei oder Wiesen-Flockenblume. Saatmischungen dieses Typs sind für die meisten Gärten gut geeignet; es gibt sie mit verschieden hohen Gräseranteilen. Ein hoher Anteil an Blütenpflanzen ist vorteilhafter für Wildbienen, vor allem, wenn nur kleine Flächen angesät werden. Dieser Wiesentyp wird zwei- bis dreimal im Jahr gemäht.

Typ Magerrasen

Magerrasen sind Hotspots der heimischen Artenvielfalt. Sie gedeihen nur auf sehr magerem Substrat und schnell trocknenden Böden. Für den Garten empfiehlt sich ein Magerrasen entlang eines aufgekiesten Weges, sofern der Boden nicht zu sehr verdichtet wurde, oder an einer steilen, südseitigen Böschung mit magerem Substrat. Typische Arten sind Kleiner Odermennig, Karthäuser-Nelke oder Tauben-Skabiose. Die lückige Vegetation ist sehr gut für bodennistende Wildbienen geeignet. Magerrasen werden nur einmal im Jahr gemäht.

Typ Saum

Ein Saum besteht aus meist höherwüchsigen Pflanzen, die ursprünglich entlang von Wegrändern oder an Hecken wuchsen. Sie sind besonders auf der Sonnenseite entlang von Gartenzäunen und Hecken zu empfehlen. Säume benötigen die wenigste Pflege: Sie sind besonders für Gartenbesitzer mit wenig Platz und Zeit geeignet. Denn Säume sind nichts weiter als wiesenartige Streifen;

sie werden nur einmal am Ende des Jahres oder sogar nur alle zwei Jahre gemäht. Typische Pflanzen sind Gewöhnliches Leimkraut, Königskerze und Wegwarte. Ein Saum bietet mit seinen stehenden Halmen neben Nahrung auch Nistgelegenheiten für Insekten, sofern man ihn lang genug, also mindestens zwei Jahre, stehen lässt.

ZAHLEN & FAKTEN

Die Anlage einer Blumenwiese im Garten ist aufwendig. Aber es lohnt sich! Denn ist die Wiese erst einmal etabliert, ist sie im Vergleich zu einer Rasenfläche viel pflegeleichter und natürlich blütenreicher.

Blumenwiesen-Saatgut enthält oft einjährige Arten, wie Mohn und Kornblume, damit schon im ersten Jahr etwas blüht.

#machsnachhaltig

Eine Blumenwiese anlegen

Die Anlage einer Blumenwiese ist etwas anderes, als gekaufte Pflanzen in ein Beet zu setzen. Vor allem braucht man mehr Geduld, und in den ersten Jahren ist eine Entwicklungspflege nötig. Wir alle wissen: Gut Ding will Weile haben. Dafür ist der Pflegeaufwand bei einer etablierten Wiese überschaubar.

Vor der Anlage einer Blumenwiese muss man zuerst den Standort kennen: Liegt er sonnig oder schattig, ist der Boden nährstoffreich mit viel Humus oder nährstoffarm? Die klassische Blumenwiese wächst auf mäßig nährstoffreichen Böden, Magerrasen auf besonders mageren Böden. Artenreiche Säume wachsen sowohl auf mageren als auch auf nährstoffreicheren Böden und beinhalten dann jeweils unterschiedliche Arten.

Kostengünstiger und weniger aufwendig ist es, an den Standort angepasstes Saatgut auszuwählen (mehr dazu in den Bezugsquellen auf Seite 122), statt den Oberboden zu entfernen und Kies und Sand aufzubringen, um nährstoffarme Verhältnisse zu schaffen.

Die Größe der Fläche ist übrigens nicht ausschlaggebend, es reichen schon wenige Quadratmeter.

Der beste Zeitpunkt

Es empfiehlt sich eine Ansaat im Herbst (September/Oktober) oder im Frühjahr (März/April). Im Herbst ist es relativ konstant feucht für die Keimlinge, was weniger Gießaufwand bedeutet. Die Winterkälte kann den heimischen Wildpflanzen nichts anhaben. Saatgutmischungen, die erst ab Mai ausgesät werden dürfen, sind nicht empfehlenswert. Denn sie enthalten exotische Arten, die für viele Bienenarten völlig wertlos sind.

Den Boden vorbereiten

Für die Ansaat muss der Boden vegetationslos sein. Du musst ihn je nach Flächengröße und Bewuchs mit dem Spaten umgraben, mit der Motorfräse fräsen oder mit einer Rasenschälmaschine abschälen. Die meisten Gartenböden sind sehr schwer und nährstoffreich. Für die Anlage einer klassischen Blumenwiese oder eines Saums musst du die Erde

nach dem Umgraben mit etwa einem Fünftel Sand vermischen. Ziel ist eine feinkrümelige, lockere Bodenstruktur.
Für die Anlage eines Magerrasens brauchst du von vornherein ein sehr mageres Substrat, das dann nicht mehr mit Sand vermischt werden braucht. Ansonsten musst du den Oberboden abtragen, ein Vlies auflegen und die Fläche mit einem Sand-Kies-Gemisch auffüllen.

Aussäen

Streue die Samenmischung (zum leichteren Ausbringen am besten mit einem Füllstoff gemischt, mehr dazu im Kasten) gleichmäßig auf die vorbereitete Fläche. Das machst du am besten in Reihen. In einem zweiten Durchgang streust du nochmals quer dazu, ebenfalls in Reihen. Die Fläche sollte danach gleichmäßig und sehr dünn bedeckt sein.
Die Samen brauchen zum Keimen guten Bodenkontakt. Drücke sie entweder mit einer Bodenwalze oder einem Holzbrett gut an. Bitte auf keinen Fall einarbeiten! Denn die Samen brauchen Licht zum Keimen. Halte die Fläche mindestens für die nächsten zwei Wochen konstant feucht. Aber nicht überschwemmen!

Ein Trick zur gleichmässigen Aussaat

Wildpflanzensamen haben verschiedene Größen, Gewichte und Formen. Da man nur wenig Saatgut benötigt, ist die gleichmäßige Verteilung schwer. Es empfiehlt sich das Untermischen eines Füllmaterials: entweder hygienisierten, also erhitzten Kompost, der selbst kaum noch keimfähige Samen enthält, Sand oder Sägespäne.

Bei kleineren Flächen kann die Grasnarbe mit dem Spaten abgestochen werden. Nach der Bodenlockerung und Zugabe von Sand ist die Fläche zum Ansäen bereit.

Einjährige Beikräuter wie Vogelmiere und Hirtentäschel sollten gejätet werden, damit sie die angesäten Arten nicht verdrängen.

Mähen muss sein

Auch wenn es noch so schön blüht, Blumenwiesen müssen gemäht werden! Nur so können sie langfristig ihre Artenvielfalt erhalten. Am besten orientiert man sich daran, wie die Landwirte früher ihr Heu gemacht haben: Je nach Saatgut und Entwicklung der Wiese mäht man zwischen ein- bis dreimal pro Jahr. Dazu eignet sich eine Schere für den Balkonkasten, eine Sense oder ein Freischneider für den Garten, bei größeren Flächen natürlich auch ein Balkenmäher. Das Mahdgut sollte auf der Fläche trocknen, sodass Samen nachreifen und die Blumenwiese sich selbst erhält. Nach dem Trocknen muss das Material unbedingt entfernt werden, damit die Fläche durchs Verrotten des Schnittguts nicht nährstoffreicher wird (das ist übrigens auch einer der Gründe, warum Mulchen so schlecht für die Artenvielfalt ist). Dazu braucht man einen Rechen und eine Heugabel, um das Material auf den Kompost zu bringen.

Entwicklungspflege: die Wildblumenwiese im ersten Jahr

Im ersten Jahr nach der Aussaat sind Blumenwiesen, egal ob klassischer, Magerrasen- oder Saum-Typ, am arbeitsintensivsten. Besonders wichtig ist, dass sich „Beikräuter" nicht durchsetzen. Sehr konkurrenzstarke Pionierpflanzen wie Disteln, Weiß-Klee oder Gräser sind nicht generell zu verteufeln, sie nehmen den kleinen Keimlingen aber den Platz an der Sonne und Raum und Nährstoffe zum Wachsen. Wer zu Beginn fleißig jätet, bekommt als Belohnung eine bunt blühende und pflegeleichte Wiese.

Auf großen Flächen, bei denen eine einzige Art stark dominiert, lohnt sich im ersten Jahr ein sogenannter Entwicklungsschnitt. Gibt es beispielsweise zu viele hochwüchsige Gräser in der Wiese, mäht man sie vor der Samenreife ab. Dabei mäht man am besten in 10 cm Höhe, sodass die Rosetten der krautigen angesäten Arten nicht geschädigt

Blumenwiesen brauchen etwas Zeit, dafür wird man im zweiten Jahr mit den Blüten von Flockenblumen, Margariten und Co. belohnt.

werden. Will man bestimmte Pflanzen schwächen, muss das Mahdgut sofort entfernt werden, damit die Pflanzen nicht aussamen.

Die langfristige Pflege

Eine klassische Blumenwiese wird zweimal im Jahr gemäht. Die erste Mahd sollte mit dem Verblühen der Margeriten stattfinden, die zweite etwa Ende August bis Anfang September.

Ist die Fläche sehr wüchsig und will man Nährstoffe aus der Fläche bringen, um den Standort weiter abzumagern, sollte man sie dreimalig mähen: zum Beispiel Anfang Juni, Anfang August und Ende September.

Ein Magerrasen wächst auf so nährstoffarmem Boden, dass nicht sehr viel Biomasse entsteht. Man muss also nur sehr wenig mähen. Traditionell mäht man solche Flächen einmal im Jahr, im Juli oder August. Auch hier sollte das Mahdgut unbedingt entfernt werden.

Saumstrukturen sind sehr pflegeleicht. Sie werden maximal einmal im Jahr gemäht. Auch eine Mahd alle zwei Jahre wird nach den ersten Jahren genügen. Vorzugsweise mäht man Säume erst nach dem Winter, da er so vielen tierischen Bewohnern als Unterschlupf und Futterreserve in den kalten Monaten dient. In diesem Fall kann das Mahdgut gleich entfernt werden, da die Samen schon auf den Boden gefallen oder gefressen worden sind.

MUT ZU FEHLERN

Laut einem Naturgärtner verzeihen Wiesen viele Fehler, solange man nicht immer dieselben macht. Mit der Erfahrung und den Fehlern, die man macht, lernt man dazu und kann seine Flächen immer besser einschätzen.

STEINGARTEN STATT STEINWÜSTE

In Steingärten wachsen spezialisierte Pflanzen, die man in der freien Landschaft nur selten findet: Man kann sich so ein Stück Alpen nach Hause in den Garten holen. In Steingärten gedeihen einerseits alpine Pflanzen. Lebt man in einer warmen Gegend, kann man andererseits auch mediterrane Gewürzpflanzen wie Salbei, Lavendel und Rosmarin pflanzen. So profitiert man zudem kulinarisch von seinem Steingarten. Unabhängig davon sind solche Gartenbereiche ästhetisch ein absolutes Highlight. Dazu sind sie im Unterhalt sehr pflegeleicht: Aufgrund der nährstoffarmen Verhältnisse und der an Trockenheit angepassten Pflanzen brauchen sie weder gedüngt noch gewässert werden.

Wildbienen profitieren mehrfach von Steingärten. Neben vielen selten gewordenen Blütenpflanzen und Baumaterialien bieten Steingärten mit ihrem sandigen Untergrund auch eine Vielzahl an Nistplätzen. Ein Steingarten ist ein Must-have für Wildbienenliebhaber.

Pflanzen für den Steingarten

Neben Pflanzen wie Felsen-Fetthenne (*Sedum rupestre*), Scharfem Mauerpfeffer (*S. acre*) und Weißem Mauerpfeffer (*S. album*), dürfen in einem Steingarten natürlich auch die Hauswurzen (*Sempervivum*) nicht fehlen. Auch das Anpflanzen von

Thymian oder Oregano bietet sich an. Sie alle bieten Nahrung für eine Reihe von Bienen.
Die folgende Tabelle bietet eine Auswahl von Pflanzen, die auch oligolektischen Arten (Seite 34) zugutekommen. Lassen Sie sich am besten auch von einer auf heimische Stauden spezialisierten Gärtnerei beraten. Wenn man keine in der Nähe hat, kann die Beratung auch telefonisch erfolgen, und die Pflanzen werden zugeschickt (Adressen ab Seite 122).

Pflanze	Blütezeit	kalkliebend + kalkmeidend -	Blütenfarbe	oligolektische Bienenarten
Frühlings-Fingerkraut (*Potentilla verna*)	April–Juni	+/–	gelb	Rote Fingerkraut-Sandbiene (*Andrena potentillae*)
Rundblättrige Glockenblume (*Campanula rotundifolia*)	Juni–Oktober	+/–	lila bis blau	Braune Schuppen-Sandbiene (*Andrena curvungula*) Glockenblumen-Scherenbiene (*Chelostoma campanularum*)
Gewöhnlicher Hufeisenklee (*Hippocrepis comosa*)	Mai–Juli	+	gelb	Gallen-Mauerbiene (*Osmia gallarum*) Hufeisenklee-Mauerbiene (*O. xanthomelana*)
Berg-Sandglöckchen (*Jasione montana*)	Juni–August	-	lila	Sandglöckchen-Glanzbiene (*Dufourea halictula*) Glockenblumen-Schmalbiene (*Lasioglossum costulatum*)
Tauben-Skabiose (*Scabiosa columbaria*)	Juli–Oktober	+	rosa	Knautien-Sandbiene (*Andrena hattorfiana*) Skabiosen-Sandbiene (*A. marginata*)
Sonnenröschen (*Helianthemum nummularium*)	Juni–Oktober	+	gelb	Sonnenröschen-Sandbiene (*Andrena granulosa*)
Berg-Steinkraut (*Alyssum montanum*)	März–Mai	+	gelb	Zweizellige Sandbiene (*Andrena lagopus*) Steinkraut-Sandbiene (*A. tscheki*)
Aufrechter Ziest (*Stachys recta*)	Juni–Oktober	+	blassgelb	Rote Schneckenhausbiene (*Osmia andrenoides*) Ziest-Schlürfbiene (*Rophites algirus*)

#machsnachhaltig

EINEN STEINGARTEN ANLEGEN

Der erste Schritt ist, einen geeigneten Ort für den Steingarten zu finden. Er sollte an einer sonnigen Stelle platziert werden, und er braucht einen guten Wasserabfluss. Danach kannst du dir überlegen, wie groß und wie hoch dein Steingarten werden soll – davon hängt natürlich ab, wie viel Material du brauchst. Vielleicht hast du noch Steine oder Bodenaushub, Sand oder Schotter übrig, die auf diese Weise wiederverwendet werden können?

Den Boden vorbereiten

Hebe den Boden etwa 25 cm tief aus. Damit verhinderst du, dass sich Wurzelstücke im Untergrund zu einem Unkrautproblem auswachsen. Für noch mehr Sicherheit kannst du eine Hanfmatte oder ein Vlies auflegen.

Falls der Steingarten nicht an einem Hang liegt, musst du unbedingt auf einen guten Wasserabfluss achten. Bringe dafür eine 10–15 cm dicke Schicht kleinkörnigen Dränagekies (8–32 mm) auf.

Auf die so vorbereitete Fläche verteilst du sandigen Lehm, der mit kleineren Steinen durchsetzt ist, und zwar so, dass ein Hügel entsteht. Das Material soll eher sandig und locker sein und kann in einer Sandgrube gekauft werden. Gewaschener Spielsand eignet sich nicht als Substrat, da er viel zu locker ist. Bedenke beim Aufschütten, dass der Hügel noch zusammensacken wird. Er sollte mindestens so hoch aufgeschüttet werden, dass auch die längsten Wurzeln nicht bis zum nährstoffreichen Untergrund reichen. Also lieber etwas höher planen!

DAS PERFEKTE SUBSTRAT

Mit sandigem Lehm schafft man das perfekte Nistsubstrat, nicht nur für Wildbienen, sondern auch für andere wärmeliebende Tiere, wie beispielsweise Zauneidechsen.

Den Steingarten modellieren

Mit Steinen wird aus dem Hügel ein Steingarten. Steine haben verschiedene Größen, Formen und Farben – und auch verschiedene chemische Eigenschaften! So ist es beispielsweise wichtig zu wissen, dass es Pflanzen gibt, die kalkliebend sind, und andere, die kalkmeidend sind. Ob ein Stein kalkhaltig ist oder nicht, erkennt man, wenn man etwas Säure (zum Beispiel Essigessenz) auf den Stein gibt: Zeigen sich kleine Bläschen, ist er kalkhaltig. Das sollte man bei der Auswahl der Steine und der Pflanzen im Hinterkopf haben.

Beginne am besten mit den größten Steinen und fülle mit kleineren Steinen auf. Lasse dabei genügend Platz für die Pflanzen und natürlich für die Wildbienen.

Dickblattgewächse wie Hauswurz und Fetthenne fühlen sich im Steingarten sehr wohl.

Es darf bepflanzt werden

Vor der Pflanzung sollte der Steingarten einige Tage ruhen. So kann das Feinmaterial die noch bestehenden Hohlräume auffüllen.

Für die Auswahl der Pflanzen und zur Inspiration empfiehlt sich ein Besuch einer auf heimische Stauden spezialisierten Gärtnerei. Als Anhaltspunkt können die auf Seite 65 vorgestellten Pflanzen dienen, sie sind allesamt für Wildbienen gut geeignet. Beachte dabei die Wuchshöhe der Pflanzen: Höhere Pflanzen werden hinter Bodendecker gesetzt, da auf diese Weise alle Pflanzen genügend Sonne bekommen.

Den Steingarten pflegen

Steingärten sind fast zu schön, um wahr zu sein. Neben Nistplätzen, Bienennahrung und ihrer Schönheit haben sie noch einen weiteren Vorteil: Sie sind auch noch pflegeleicht. Die meiste Zeit kommen die Gewächse ohne Gießen aus. An sehr trockenen, heißen Tagen kann man ihnen aber einen Schluck Wasser gönnen. Ansonsten kann man Pflanzen, die sich zu sehr ausbreiten, mit einem Rückschnitt zurückdrängen. Und im Frühjahr muss man eventuell verdorrte Pflanzenteile zurückschneiden. Das ist auch schon alles!

Bitte auf keinen Fall düngen! Die Pflanzen sind an eine sehr nährstoffarme Umgebung angepasst.

NISTPLÄTZE FÜR BIENEN

Wildbienen brauchen neben Nahrungspflanzen geeignete Nistplätze. Eine Vielzahl von Hohlräumen wird dafür genutzt. Rund zwei Drittel der heimischen Wildbienen nisten im Boden. Aber auch Schneckenhäuser, gemörtelte Nester an Felsen, Löcher in Totholz und Stängeln können Nistplätze sein. Einige Wildbienen nehmen auch geeignete Nisthilfen an, die ihnen der Mensch gebaut hat. Wie solche Nisthilfen aussehen können, erfährst du auf den nächsten Seiten.

OBERIRDISCH NISTENDE BIENEN

Nur ein Drittel unserer heimischen Wildbienen nistet oberirdisch. Obwohl es ein relativ geringer Anteil ist, ist die Vielfalt bei den Nistplätzen riesig. Dabei gibt es, wie hinsichtlich der Nahrungsressourcen auch, Arten, die sehr spezialisierte Nistplätze brauchen, während andere einfallsreich und flexibel bei der Nistplatzsuche sind.

Die Rote Mauerbiene (*Osmia bicornis*) beispielsweise, eine der häufigsten Arten, kann fast überall nisten: Sie nistet nicht nur in angebotenen Nisthilfen, sondern nutzt auch Ventile von Fahrradschläuchen oder Fensterrahmen. Die sehr anspruchsvolle Zweifarbige Schneckenhausbiene (*Osmia bicolor*) braucht dagegen, wie der Name schon vermuten lässt, Schneckenhäuser einer ganz bestimmten Schneckenart.

Andere oberirdische Nistplätze können an Felsen liegen. So baut die sehr seltene Schwarze Mörtelbiene (*Megachile parietina*) ihr Nest an Felswände. Andere Arten, wie die Dreizahn-Stängelbiene (*Hoplitis tridentata*), nisten in Brombeerstängeln. Auch Pflanzengallen können von Wildbienen besiedelt werden: Die Maskenbienen-Art *Hylaeus pectoralis* nistet ausschließlich in verlassenen Gallen von Schilfhalmen. Die riesigen, schwarzen Holzbienen haben ihren Namen nicht von ungefähr. Sie nagen sich ihre eigenen Nistgelegenheiten in noch recht hartes Totholz. Viele Arten profitieren von Käferfraßgängen in Totholz, von Löchern in Dachfalzziegeln oder anderen Hohlräumen geeigneter Größe. Arten der Masken-, Löcher-, Mauer- und Blattschneiderbienen nisten dort und ziehen deshalb auch in künstliche Nisthilfen ein.

Nisthilfen, die die natürlichen Nistgelegenheiten entsprechend nachahmen, bieten wertvolle Alternativen für oberirdisch nistende Bienen. Auf den folgenden Seiten werden einige Möglichkeiten vorgestellt. Dabei ist es denkbar und sogar wünschenswert, verschiedene Elemente zu kombinieren. Auch Angebote für Bodenbewohner können eingefügt werden (Seite 87). Dazu eignet sich beispielsweise ein altes Holzregal, in dem diverse Elemente zum Nisten versammelt werden – dort kann man die Ansprüche verschiedener Arten auf kleinem Raum erfüllen. Wer möchte, kann versuchen, seine Lieblingsbiene mit einem geeigneten Nistplatz und entsprechender Pflanzenauswahl anzulocken.

*Dieses kleine Kunstwerk ist das Nest der seltenen Glockenblumen-Felsenbiene (**Hoplitis mitis**). Sie fertigt es aus kleinen Blattstücken an einem gut versteckten Platz.*

IN WILDEN ECKEN

Wildwuchs im Garten – wie Altgrasstreifen (Seite 26), Brombeergestrüpp, Brennnesselecken oder mannshohe Königskerzen – ist für viele Menschen dann doch zu wild und „muss“ beseitigt werden. Zum Glück gibt es auch Gartenbesitzer, die solche Strukturen, genau wie die tierischen Bewohner, zu schätzen wissen. Das Beste dabei ist: Man lässt der Natur ihren Lauf, hilft der heimischen Artenvielfalt und hat weniger Arbeit.

Die Hochhausbewohner unter den Wildbienen

Es gibt Wildbienen, die in markhaltigen Stängeln nisten. Um diese zu fördern, haben wir mehr oder weniger wilde Vorschläge. Wichtig dabei ist, dass diese Bienen relativ senkrechte Strukturen brauchen. Allerdings wäre der Schiefe Turm von Pisa wohl auch noch akzeptabel für sie. Auf zu nahe Nachbarschaften können sie verzichten. Sie nisten also weder in gebündelten noch in waagerecht angebrachten Halmen. Um den Bienen den Eingang in die Stängel zu ermöglichen, schafft man ihnen am besten einen Zugang zum Mark, indem man die Stängel oder Ranken oben kappt.

Für ganz Wilde: Königskerzen

Wer viel Platz im Garten hat, kann einen kleinen, sonnigen Bereich den Königskerzen (*Verbascum*) überlassen. Möglicherweise siedeln sie sich von selbst im Garten an. Falls nicht, kauft man sie bei der Staudengärtnerei seines Vertrauens.

Sind die Königskerzen erfolgreich angesiedelt, muss man sie stehen lassen – sehr lange stehen lassen (3 Jahre). Denn Wildbienen, wie die Keulhornbienen (*Ceratina*), legen ihre Nester erst in die vertrockneten, senkrechten Halme hinein. Am besten kappt man die verblühten Blütenstände oben, sodass das Mark zu sehen ist. Wenn Wildbienen dort ihre Eier hineinlegen, braucht der Wildbienennachwuchs über den Winter Zeit und schlüpft im Frühsommer.

Brombeerranken

Wer Wildwuchs von Brombeeren (*Rubus*) im Garten hat, kann einige relativ senkrecht stehende, abgestorbene Ranken oben mit der Gartenschere durchschneiden. Hier nisten nicht nur Bienen, sondern auch weitere Nützlinge wie kleine Grabwespen, die Blattläuse jagen. Brombeerranken sollte man mehrere Jahre stehen lassen, denn in stabilen Stängeln können Bienen und Wespen auch mehrere Jahre hintereinander nisten.

WILDE GARTENECKE MIT ABGESCHNITTENEN HOLUNDERÄSTEN.

Wilde Ecken light

Auch für diejenigen, die nur einen Balkon oder einen kleinen Garten haben oder sich (noch) nicht mit wilden Ecken anfreunden können, gibt es eine Lösung. Man befestigt senkrecht einzelne Stängel, zum Beispiel von Königskerze, Brombeere, Himbeere oder Holunder – wie genau das aussehen muss, damit sich Wildbienen wohlfühlen, findest du auf Seite 76.

MARKHALTIGE STÄNGEL KANNST DU AUCH EINZELN SENKRECHT AM BALKON BEFESTIGEN.

TOTHOLZ IM GARTEN

Totholz ist nicht nur im Wald ein wichtiger Bestandteil der heimischen Natur. Leider wird der Wert von Totholz meist verkannt – es wird stattdessen aufgeräumt und ist mittlerweile Mangelware in unseren intensiv genutzten Landschaften. Dabei lebt eine Vielzahl von Insekten, insbesondere Käfer, vom und im Totholz. Auch manche Wildbienen legen ihre Nester dort an. Einige nisten in vorhandenen Löchern, wie sie Totholz-Käfer hinterlassen, andere nagen sich selbst Nistplätze ins tote Holz.

Die Nager unter den Bienen

Die auffällig große Blauschwarze Holzbiene (*Xylocopa violacea*, Seite 144) gehört zu den selbst nagenden Arten und hat sich durch die Klimaerwärmung mittlerweile in fast ganz Deutschland verbreitet. Sie nutzt gern festes Totholz wie abgestorbene Äste und Stämme von Obstbäumen als Nistplatz. Man findet sie deshalb häufig in Streuobstwiesen und Gärten, in denen Totholz bleiben darf.

Die Wald-Pelzbiene (*Antophora furcata*) und die Schwarzbürstige Blattschneiderbiene (*Megachile nigriventris*) brauchen weicheres, morsches Holz. Sie nisten auch in liegendem Totholz: sowohl in Hartholz, wie von Obstbäumen, als auch in Weichholz, etwa von Fichten.

Solchen Wildbienenarten kann man mit einem Totholzhaufen aus mindestens 10 cm dicken Ästen und Stämmen im Garten Lebensraum bieten. Der Haufen sollte möglichst besonnt sein oder zumindest nicht vollständig im Schatten liegen. Außerdem kann man durch das Belassen abgestorbener Äste in Baumkronen oder das Stehenlassen eines Baumstumpfs manche Arten fördern.

Nachmieter im Totholz

Im Gegensatz zu den selbst nagenden Arten gibt es eine Reihe von Wildbienenarten, die quasi als Nachmieter vorhandene Löcher als Nistplatz nutzen. Solche Löcher – in den verschiedensten Größen – müssen zuerst einmal geschaffen werden. In der Natur sorgen Totholzkäfer dafür. Ihre Larven ernähren sich von abgestorbenem Holz und bohren Gänge in entsprechende Äste und Stämme. Einige wenige von ihnen haben einen sehr schlechten Ruf, da sie sich von trockenem Holz ernähren und damit manchmal in alten Möbeln ihre Spuren hinterlassen. Die meisten Käferarten machen uns Menschen jedoch keine Probleme, schaffen aber Nistplätze für Wildbienen, die in oberirdischen Hohlräumen nisten. Genau diese Arten begegnen uns auch in künstlichen Nisthilfen, die natürliche Nistplätze entsprechend nachahmen (Seite 76).

Einige Blattschneiderbienen (*Megachile*) nutzen gern Löcher in Totholz. Man erkennt sie leicht, wenn sie mit Blattstücken für die Auskleidung ihres Nestes anfliegen. Auch Scherenbienen (*Che-*

lostoma) suchen ihre Nistplätze in Käferfraßgängen an Totholz, wenn in der Nähe ihre speziellen Nahrungspflanzen, Hahnenfuß oder Glockenblumen, zu finden sind. Unter den Wollbienen (*Anthidium*) nutzt insbesondere die große Garten-Wollbiene vorhandene Löcher im Totholz. Manchmal bezieht sie auch verlassene Nester, die von anderen Bienenarten ins Holz genagt wurden. Auch die kleinsten Löcher im Totholz sind wichtig! Die kleinen Maskenbienen (*Hylaeus*) bauen ihre Nester darin und verschließen sie mit einer Art „Frischhaltefolie", einem pergamentartigen Häutchen aus Drüsensekret.

#machsnachhaltig

NÜTZLICHE NISTHILFEN: SCHNELL GEMACHT

Alle wollen Bienen retten. Überall gibt es „Insektenhotels" zu kaufen, Nisthilfen werden gebastelt. Leider sind vor allem die Nisthilfen, die es im Bau- oder Supermarkt zu kaufen gibt, meist unbrauchbar. Deshalb wollen wir einen kurzen Überblick geben über echte Nisthilfen – Hilfe fürs Nisten eben. Richtig gemacht sind sie nicht nur nützlich für Wildbienen, es macht auch Spaß, sie zu bauen.

Die Rote Mauerbiene ist die häufigste Bewohnerin von Nisthilfen. Sie baut ihren Nestverschluss aus Lehm.

Schilf und Co. als Niströhren

Schilfhalme, Bambus, ja selbst Pappröhrchen – all diese Strukturen imitieren Fraßgänge von Käfern in Totholz und bieten Bienen einen Nistplatz.

- **Schneide die Enden der Röhren glatt ab.**
- **Die Röhren sollten hinten geschlossen sein.**
- **Das Innere der Röhren muss für die Wildbienen frei zugänglich sein.**
- **Um verschieden großen Wildbienenarten eine Heimat zu bieten, solltest du verschiedene Durchmesser verwenden.**
- **Die Halme bündelst du entweder mit einem Draht oder steckst sie für einen gewissen Wetterschutz mit einem Ende in Blechdosen oder zugeschnittene Plastikrohre. Wichtig ist, die Röhren so zu bündeln, dass sie nicht von Vögeln herausgezogen werden können.**
- **Bringe die Röhren horizontal an einer sonnigen und wettergeschützten Stelle an.**

Die Bohrungen ins Holz sollen sauber und glatt sein, damit sie von den Bienen gut angenommen werden.

Bohrungen in Holz

Das Holz muss unbehandelt und für etwa zwei Jahre trocken gelagert sein. Du solltest Hartholz, wie Esche, Eiche oder Buche, verwenden. Weichhölzer fasern stark aus; Nadelhölzer sind zu harzig.

- **Die Löcher solltest du quer zur Holzfaserrichtung bohren, also dort, wo die Rinde ist oder war. Durch Bohrungen ins Kernholz, also in die Stirnseite, werden alle Holzfasern angeschnitten, das Holz zieht Wasser und reißt. So werden die Nester schnell von Pilzen besiedelt, und die Larven sterben ab.**
- **Bohre die Löcher mit einem scharfen Bohrer! Die Bohrungen müssen sauber sein, damit die Niströhren innen und am Eingang glatt sind. Die Bienen können sich sonst ihre Flügel verletzen oder ziehen gar nicht erst in die Niströhre ein. Klopfe also das Bohrmehl aus den Löchern, und bei Bedarf kannst du die Eingänge mit Schleifpapier glätten.**
- **Die Bohrungen sollten verschiedene Durchmesser zwischen 3 und 10 mm haben, damit sich unterschiedliche Bienenarten wohlfühlen.**
- **Bringe das Holz so an, dass die gebohrten Röhren horizontal liegen.**

Markhaltige Stängel

Brombeer- und Holunderzweige sind markhaltig und eignen sich für günstige Nisthilfen aus dem Garten. Auch die Stängel von Topinambur und Königskerzen werden als Nistplatz genutzt.

- **Schneide 30–50 cm lange Stücke von Stängeln und Zweigen mit etwa 1,5 cm Durchmesser zurecht.**
- **Befestige sie mit Draht senkrecht und unbedingt einzeln, beispielsweise am Balkongeländer oder am Gartenzaun.**

Ziegel

Wer alte Dachfalzziegel, auch Biberschwanzziegel genannt, hat, kann sie gut in seine Nisthilfe einbauen. Diese Ziegel haben auf der schmalen Seite eine Reihe von Hohlräumen. Überhaupt nicht geeignet sind normale Ziegel mit eckigen Löchern, die nach hinten offen sind.

TIPPS FÜR DIE PERFEKTE NISTHILFE

Wildbienen sind wärmeliebende Tiere. An einem kleinklimatisch günstigen Ort wird eine Nisthilfe von einer größeren Anzahl und Vielfalt an Wildbienen besiedelt. Deshalb stellt man die Nisthilfe am besten an einem wettergeschützten und sonnigen Platz in südlicher Ausrichtung auf.

Sei vorbereitet auf Wildbienenzuwachs

Am besten lässt du dir die Möglichkeit offen, deine Nisthilfe zu erweitern. Denn Wildbienen sind sehr ortstreu. Sie bleiben zur Nistplatzsuche meist an dem Ort, an dem sie selbst geschlüpft sind. Mit den Jahren wird der Bedarf an Nistplätzen steigen. Mit etwas Glück und der richtigen Nahrungspflanzenvielfalt in der Nähe kannst du so immer wieder neue Arten beobachten.
Mit der Zunahme an Nestern wirst du allerdings auch immer mehr sogenannte Kuckucksbienen und andere Nutznießer entdecken.

Keine Ohrwürmer bitte

Oft sieht man in unfachmännischen „Insektenhotels" Tannenzapfen, Laub oder Holzwolle in kleinen Fächern, die Lebensräume für Ohrwürmer (landläufig „Ohrenzwicker" genannt) und andere Insekten bieten sollen. Solche Strukturen, die in einem einigermaßen naturnahen Garten meist sowieso schon vorkommen, können für den Wildbienennachwuchs in unmittelbarer Nachbarschaft fatal sein. Ohrwürmer besetzen Niströhren oder brechen in die zugänglichen Niströhren der Wildbienen und solitären Wespen ein und machen sich über den Inhalt her. Deshalb solche Elemente bitte nicht einbauen!

KUCKUCKSBIENEN

Kuckucksbienen sind Schmarotzer und schmuggeln ihre Eier, wie der Vogel Kuckuck, in die Nester von anderen Arten. Es gibt auch Kuckuckswespen, die ihre Eier in Bienennester legen. Kuckuckshummeln hingegen übernehmen gleich ein Hummelvolk und vertreiben oder töten dessen Königin.

Die perfekte Unterkunft

Stell dir vor, du bist eine Biene – wo willst du nisten? So sieht der perfekte Platz aus:

- genügend Platz, Niströhren dürfen nicht zu kurz sein (etwa 10 cm)
- vom Tiny House zur Villa: verschiedene Arten haben unterschiedliche Präferenzen, Durchmesser 2–10 mm
- wettergeschützt, der Eingang am besten in südlicher Richtung, ohne Regen oder Wind
- Hohlräume mit nur einem Eingang vorsehen, es wird sonst schnell ungemütlich
- Niströhren sollen glatt sein, denn besonders die Flügel sind empfindlich
- Niströhren, zum Beispiel Schilfhalme, dürfen nicht gequetscht sein

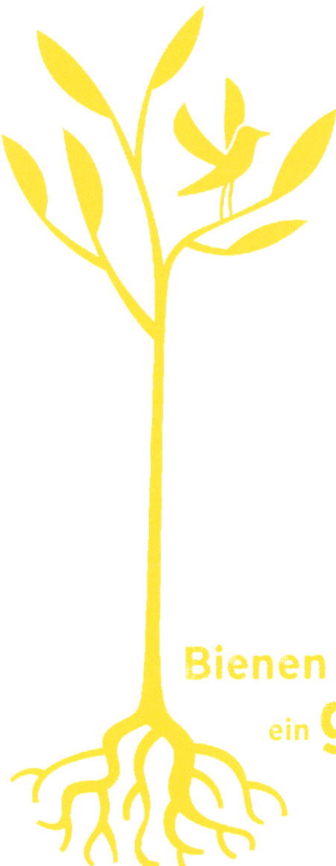

Bienen wollen wie wir Menschen ein geschütztes Zuhause.

BIENEN IN SCHNECKENHÄUSERN

Einige Wildbienen nutzen ausschließlich leere Schneckenhäuser als Nistplatz. In Deutschland gibt es sechs Arten, die alle zur Gattung der Mauerbienen (*Osmia*) gehören. Sie nutzen die Häuser unterschiedlicher Schneckenarten, die sie meist entsprechend ihrer Körpergröße auswählen. Diese Bienenarten sind relativ selten; die drei im Folgenden vorgestellten Schneckenhausbienen sind zumindest in manchen Regionen etwas häufiger.

Die Zweifarbige Schneckenhausbiene versteckt ihr Schneckenhaus unter Kiefernnadeln und kleinen Zweigen.

Die Bedornte Schneckenhausbiene

Die Bedornte Schneckenhausbiene (*Osmia spinulosa*) nutzt entsprechend ihrer Größe am liebsten die kleinen Häuser der Heideschnecken. In diesen Tiny Houses ist meist nur Platz für zwei oder drei Nachkommen. Dafür können sie mehrere Schneckenhäuser besiedeln, wenn genügend vorhanden sind. Das hat auch den Vorteil, dass nicht alle Nachkommen zerstört werden, wenn die relativ zerbrechlichen Häuser beschädigt werden.

Die Zweifarbige Schneckenhausbiene

Etwas größer und robuster sind die Häuser der Bänderschnecken, die besonders von der Zweifarbigen Schneckenhausbiene (*Osmia bicolor*) genutzt werden. Bei dieser Bienenart gilt definitiv „My home is my castle“. Diese Bienenart betreibt viel Aufwand für jeden einzelnen Nachkommen. Sie legt meist

nur eine Brutzelle in einem Schneckenhaus an und versteckt das Schneckenhaus dann unter mitgebrachten kleinen Zweigen, Kiefernnadeln oder trockenen Grashalmen. Wer das Glück hat, die kleine Biene mit einem um das Zehnfache größeren Grashalm fliegen zu sehen, wird begeistert sein.

Die Goldene Schneckenhausbiene

Die großen Häuser der Weinbergschnecke werden fast nur von der Goldenen Schneckenhausbiene (*Osmia aurulenta*) genutzt. Sie legt im Gegensatz zu den anderen Schneckenhausbienen viele Brutzellen (bis zu 15) in einem Schneckenhaus an. Ihr Nest verschließt sie mit sogenanntem Pflanzenmörtel, hergestellt aus zerkauten Blattstücken. Neben den Häusern der Weinbergschnecke nutzt die Art auch gern die der Bänderschnecke.

Nisthilfen für Schneckenhausbienen

Um den Schneckenhausbienen eine geeignete Immobilie zur Verfügung zu stellen, müssen die Schneckenhäuser einzeln auf dem Boden platziert werden. Geeignete Stellen im Garten sind sonnige, lückig bewachsene Bereiche, wie etwa im Steingarten und Magerrasen oder an kleinen Böschungen. Schneckenhäuser in Insektenhotels sind für Bienen leider vollkommen wertlos, da Schneckenhausbienen nach einzelnen Häusern am Boden suchen und diese dort oft auch drehen oder sogar nach dem Verschließen verstecken.

Am besten eignen sich die Häuser der Bänderschnecken zum Sammeln und Auslegen im Garten. Die Häuser werden von allen drei beschriebenen Schneckenhausbienenarten genutzt, und die Bänderschnecken gehören nicht, wie die Weinbergschnecken, zu den geschützten Tierarten.

BODENNISTENDE BIENEN

Die Mehrheit, etwa zwei Drittel, der heimischen und nestbauenden Wildbienenarten nisten im Boden. Sie profitieren nicht von künstlichen Nisthilfen. Wenn man im Garten allerdings schüttere Stellen in der Wiese oder einen unbefestigten, aber nicht verdichteten Trampelpfad hat, ist es gut möglich, dass man bereits Nistplätze für Wildbienen anbietet, ohne es zu wissen.

Ungeahnte Vielfalt an Nistplätzen

Der Nistplatz „Boden“ hört sich recht eintönig an. Boden gibt es schließlich überall, könnte man denken. Doch Nistplätze im Boden können vielfältige Qualitäten haben. Teilweise ist bei den heimischen Wildbienen das genaue Nistverhalten noch nicht einmal bekannt. Wenn eine Art in einem sandreichen Gebiet häufig ist, kann man manchmal nur vermuten, dass die Art in diesem Substrat nistet.

Zunächst einmal ist die Art von Boden entscheidend. Manche Arten, wie die Frühlings-Seidenbiene (*Colletes cunicularius*) und die Bärtige Sandbiene (*Andrena barbilabris*), nisten bevorzugt in Sandböden, andere Arten lieber in Löss oder Lehm. Es gibt weiterhin Arten, wie beispielsweise die Efeu-Seidenbiene (*Colletes hederae*), die keine speziellen Präferenzen bezüglich des Substrats haben. Je nach Bodensubstrat sind auch die Textur und die Feuchtigkeit unterschiedlich. Sandböden sind beispielsweise relativ locker und trocken, während Lehmböden fester sind und Feuchtigkeit länger halten.

Die Bodenflächen können unterschiedlich geneigt sein. Es gibt Arten, die vertikale Wände, schwach geneigte Hänge oder horizontale Flächen bevorzugen. Auch der Grad des Bewuchses spielt eine Rolle. Von der Knautien-Sandbiene (*Andrena hattorfiana*) weiß man, dass sie gern unter Pflanzenrosetten nistet.

Bunt tapezierte Kinderstuben

Eine der schönsten Niströhren im Boden baut die Mohnbiene (*Hoplitis papaveris*), denn sie „tapeziert“ ihr Nest mit Mohnblütenblättern. Daneben werden manchmal auch die Blütenblätter von Sonnenröschen, Lein oder Storchschnabel verwendet. Die Blätter schützen das Nest nicht nur gegen lose Sandkörnchen und Feuchtigkeit, sondern auch vor dem Austrocknen und einem Befall mit Pilzen.

Bienen auf dem Beachvolleyballplatz

Wenn man draußen mit offenen Augen unterwegs ist, entdeckt man immer wieder Dinge, die man noch nie zuvor gesehen hat. Im Allgäu sind Sandböden nicht verbreitet, aber als wir im Frühjahr an einem See waren, wurden wir von Hunderten Frühlings-Seidenbienen (*Colletes cunicularius*) überrascht, die über den angelegten Beachvolleyballplatz schwirrten. Manche Bienen nisten bei guten Bedingungen in teils sehr großen Kolonien. Im Sommer dagegen wären wir nie auf die Idee gekommen, dass sich dort eine solche Anzahl an Bienennestern verbergen könnte. Manchmal muss man also nur zur richtigen Zeit am richtigen Ort sein.

DIE MOHNBIENE KLEIDET IHR NEST MIT MOHNBLÜTENBLÄTTERN AUS.

#machsnachhaltig

BEE BANKS: NISTHÜGEL FÜR WILDBIENEN

Die meisten Bienenarten nisten im Boden. Dementsprechend sind geeignete Nistflächen am Boden für mehr Bienenarten von Nutzen als Schilfhalme, Totholz und Co. Die Ansprüche an die Bodenbeschaffenheit und das Gefälle sind je nach Art unterschiedlich. Die meisten Arten bevorzugen aber leicht geneigten und wenig bewachsenen Boden aus sandig-lehmigem Substrat. Schafft man solche Bedingungen in Form eines Nisthügels, bietet man vielen Arten einen Nistplatz. Schon auf wenigen Quadratmetern kann man einen Nisthügel anlegen. Viele Wildbienen mögen Nistplätze, die am Vormittag besonnt sind, also nach Südosten ausgerichtet sind. Die Ausrichtung spielt bei einem kleinen, flachen Hügel allerdings keine so große Rolle.

So geht's:

1. Entferne bei kleineren Nisthügeln zunächst die Grasnarbe, da das Gras sonst hindurchwächst. Bei einem größeren Hügel ist das nicht nötig.
2. Als Substrat eignet sich besonders ungewaschener Sand aus einer Sandgrube oder sandiger Lehm. Wenn man mehr Platz hat, kann das Bodensubstrat des Nisthügels zwischen Sand und sandigem Lehm variiert werden. Es sollte auf keinen Fall Humus enthalten, da der Nisthügel sonst schnell zuwächst. Auch gewaschener Sand, wie Spielsand, ist ungeeignet, da er zu locker ist und die Bienen darin keine Nisthöhlen anlegen können. Zu lehmig oder tonig darf der Boden allerdings auch nicht sein, da er dann zu schwer und fest für die meisten Arten ist.

In Projekten zum Wildbienenschutz wie dem BienABest-Projekt werden große Nisthügel angelegt.

Der Nisthügel kann mit Steinen umfasst werden. Wichtig ist, dass der Sand Schicht für Schicht gut festgestampft wird.

3 **Schütte das Substrat zu einem Hügel auf und stampfe es fest, damit der nächste Regen nicht alles davonschwemmt. Die Form des Hügels kannst du an deinen Garten anpassen: Er kann also länglich, halbkreisförmig oder spiralig werden. Zur Stabilisierung kannst du Steine um den Nisthügel legen oder – wie bei einer Kräuterspirale – zum Aufbau in der Mitte nutzen.**

Den Nisthügel pflegen

Du solltest dafür sorgen, dass der Nisthügel nicht zu stark bewachsen wird. Entweder du bepflanzt ihn überhaupt nicht oder höchstens mit kleinwüchsigen Magerrasen- oder Steingartenpflanzen. Mit der Zeit lässt es sich nicht vermeiden, dass hin und wieder Pflanzen auf dem Nisthügel wachsen. Diese solltest du jäten, wenn sie noch sehr klein sind. Größere Pflanzen, die schon tiefere Wurzeln haben, kannst du abschneiden oder im Herbst samt Wurzel herausziehen. Im Sommerhalbjahr sollte man dies vermeiden, da sonst die Eingänge der Nester verschüttet und dann von den Bienen nicht mehr gefunden werden.

#machsnachhaltig

STEILWÄNDE UND SANDFLÄCHEN

Einige Wildbienen haben etwas speziellere Vorlieben bei der Wahl ihres Nistplatzes. Manche Arten nisten bevorzugt an Steilwänden, wie Abbruchkanten (insbesondere aus Löss), Mauerwerk aus Lehm oder in Sandgruben. Andere bevorzugen Sandflächen, wie Sandrasen, Dünen oder Sandbänke an Flüssen. Im Kleinformat kann man solche Strukturen auch im Garten anlegen.

Eine Steilwand anlegen

Verglichen mit den hohen Steilwänden in Sandgruben, an Steilufern von Flüssen oder Sandsteinfelsen, ist eine Steilwand im Garten klein. Eine Steilwand von über 1 m ist im Garten allerdings schon durchaus groß! Als Standort wählt man einen sonnigen Bereich.

So geht's:

1. Schlage zwei 1,50 m lange Pfosten etwa 40 cm tief in den Boden, und zwar so, dass die fertige Wand nach Süden ausgerichtet sein wird.
2. Schraube mit Leinöl behandelte Bretter oder einen fertigen Weidengeflecht-Zaun von der Nordseite aus an die beiden Pfosten, sodass eine etwa 1 m hohe Wand entsteht.
3. Oben auf die Pfosten schraubst du ein möglichst breites Brett als Dach und Regenschutz der Steilwand.
4. Bringe ein feuchtes Lehm-Sand-Gemisch auf die Holzwand auf. Es sollte eine bis zu 30 cm dicke Lehmwand entstehen. Damit sie stabiler wird, kannst du nach oben verjüngen.

Diese aufwendig überdachte Steilwand an der Universität Würzburg bietet zusammen mit der ebenen Sandfläche vielen Bienen und Wespen einen Nistplatz.

Ein Sandarium kann ein attraktives Gartenelement sein; es ist ein begehrter Nistplatz bei Wildbienen.

DIE RICHTIGE LEHMMISCHUNG

Mit dem Lehm-Sand-Gemisch muss man vorher etwas experimentieren. Es sollte nach dem Trocknen stabil, aber nicht zu fest sein. Man sollte es mit dem Fingernagel noch abkratzen können. Am besten eignet sich Naturlehm aus einer Lehmgrube, den man eventuell direkt benutzen kann. Alternativ kann man „Baulehm“ vom Baumarkt mit mindestens der gleichen Menge Sand (oder deutlich mehr) mischen.

Eine Miniatur-Steilwand

Bei wenig Platz im Garten oder sogar auf dem Balkon kannst du als Miniaturausgabe Balkonkästen (Faserzementkästen) oder Holzkisten mit sandigem Lehm füllen und seitlich gekippt als kleine Wand übereinanderstapeln. So entsteht eine kleine Lehmwand, in die du einige Löcher bohren kannst, damit Arten, die nur in vorhandenen Löchern nisten, auch einen Platz finden.

Drei Möglichkeiten, eine Sandfläche anzulegen

Nistplätze für Sandnister lassen sich leicht in den Garten integrieren. Zur Anlage braucht man ungewaschenen Natursand (Grubensand). Spielsand ist nicht geeignet, da er zu wenig Feinanteil aufweist. Die meisten Bienen können darin keine Nester anlegen, da diese sofort verschüttet würden.

So geht’s:

1. Hebe an einer sonnigen Stelle den Boden eine Spatentiefe (20–30 cm) aus und fülle ihn mit ungewaschenem Natursand auf.
2. Alternativ kannst du auch nur die Grasnarbe entfernen und den Sand aufschütten. In diesem Fall muss die Sandfläche zur Befestigung mit Steinen umringt werden.
3. Wer einen ungenutzten Sandkasten im Garten hat, kann diesen ganz einfach mit Natursand auffüllen, und schon ist der Bienennistplatz fertig.
4. Die Sandfläche sollte zwar überwiegend unbewachsen sein. Es lohnt sich aber, ein paar bienenfreundliche Spezialisten, wie Berg-Sandglöckchen (*Jasione montana*), Sand-Strohblume (*Helichrysum arenarium*) oder Fetthennen (*Sedum*-Arten) zu pflanzen.

INNENAUSBAU: BAUMATERIAL FÜR WILDBIENEN

Viele Bienenarten geben sich nicht mit einem „Rohbau“ zufrieden. Sie bauen ihren Nistplatz zu einem gemütlichen Nest aus. Die bodennistenden Arten benutzen meist einfach den Aushub, um ihre Nester zu bearbeiten und zu verschließen. Das funktioniert bei Schilfhalmen oder Schneckenhäusern natürlich nicht. Daher „tapezieren“ oberirdisch nistende Bienen oft ihre Schilfhalme, Holzlöcher oder Schneckenhäuser und brauchen somit einen „Baumarkt“. Ob „Mörtel“, „Dämmwolle“, Harz-„Kleber“ oder Blatt-„Tapete“, die Baumaterialien müssen in der Umgebung ihres Nistplatzes zu finden sein. Und so nützt die schönste Nisthilfe nichts, wenn es in der direkten Umgebung weder Baumaterial noch Nahrung gibt.

Einige oberirdisch nistende Arten bauen sogar ihr komplettes Nest selbst: zum Beispiel aus Lehm und Steinchen an einem Felsen (Seite 70), aus Blattstücken konstruiert am Boden liegend oder ganz aus Harz an einen Zweig geklebt.

Faszinierende Bauweisen mit verschiedensten Materialien haben besonders die Bauchsammler (Seite 108) perfektioniert. Bei vielen deutschen Bienennamen kann man das bevorzugte Baumaterial bereits aus dem Namen ablesen. Beispiele sind Woll-, Harz- und Blattschneiderbienen. Die Bauweisen bei Mauerbienen sind sehr verschieden. Manche Arten mörteln Nester, während andere auch verschiedene andere Baustoffe wie Blattstücke, Holzspäne oder Blütenblätter nutzen.

BIENEN UND WESPEN AM NESTVERSCHLUSS ERKENNEN

Auch die verschiedenen solitären Wespen brauchen Baumaterial für ihre Nester. Sie nutzen ebenfalls Blattstücke, Lehm, Harz und Holzfasern. Wer sich die verschiedenen Nestverschlüsse anschaut, kann Rückschlüsse auf die Bewohner ziehen. Löcherbienen verwenden Harz als Nestverschluss, Blattschneiderbienen Blätter und Mauerbienen Lehm oder sogenannten Pflanzenmörtel aus zerkauten Blättern.

Harz

Harz ist unglaublich klebrig. Um es zu verarbeiten, braucht man große Geschicklichkeit. Einige Bienenarten sammeln das Harz an Nadelbäumen, wie Kiefern und Fichten. Sie sind darauf spezialisiert, ihre Nester oder zumindest die Nestverschlüsse damit zu bauen: Die Zwerg-Harzbiene (*Anthidiellum strigatum*) baut ihre Nester ganz aus Harz und ist dabei außerordentlich kunstfertig; auch Löcherbienen (*Heriades*) nutzen es, um ihre Nester zu verschließen. Die Große Harzbiene (*Trachusa byssina*) kleidet ihr im Boden gegrabenes Nest erst mit Blattstücken aus, die dann noch mit Harz überzogen werden. Harz hat eine antibakterielle Wirkung und wird auch von Honigbienen zur Herstellung eines Kittharzes (Propolis) gesammelt.

Haarige Angelegenheit: Eine Wollbiene sammelt Pflanzenhaare, um damit ihr Nest auszukleiden.

Blätter

Bäume und Sträucher sind für Blattschneiderbienen wichtige Lieferanten von Baumaterial. Die Bienen schneiden in charakteristischer Form Stücke aus den Blättern: Zum Auskleiden der Nester schneiden sie ovale Stücke, als Nestverschluss kreisrunde Blattstücke entsprechend der Größe des Nistplatzes.

Auch viele Mauerbienen nutzen Blattmaterial zum Bau oder als Verschluss ihrer Nester. Sie schneiden kein passgenaues Blattmaterial aus, sondern zerkauen die Blätter, um daraus sogenannten Pflanzenmörtel herzustellen. Diese Verschlüsse sind sehr viel stabiler als die losen Blattstücke der Blattschneiderbienen.

Eine besonders hübsche Kinderstube baut die seltene Mohnbiene (*Hoplitis papaveris*) ihrem Nachwuchs. Sie schneidet Stücke aus den Blütenblättern von Mohn aus, um ihr im Boden gegrabenes Nest zu „tapezieren".

Pflanzenhaare

Die Wollbienen bereiten ihrem Nachwuchs eine besonders weiche Kinderstube. Sie kleiden ihr komplettes Nest mit Pflanzenhaaren aus, die sie von Blättern abschaben oder von wolligen Samen sammeln. Einige Arten imprägnieren die Pflanzenwolle zusätzlich mit Pflanzensekreten zur Abwehr gegen Eindringlinge. Die häufigste Art ist die Garten-Wollbiene (Seite 14). Sie fliegt auf den Deutschen

Lehmgrube für Wildbienen: Eine Rote Mauerbiene sammelt Lehm für den Nestbau.

und Wolligen Ziest (Seite 45), mit denen man dieser Art sowohl Nahrung als auch Nestbaumaterial bieten kann. Wenn du also in einem kleinen Hohlraum im Mauerwerk, in Pfosten oder ähnlichen Dingen einen „Wattebausch" findest, könnte es das Nest einer Wollbiene sein.

Lehm

Lehm ist als Baumaterial bei Scherenbienen und einigen Mauerbienen beliebt. Auch Mörtelbienen, wie die Platterbsen-Mörtelbiene (*Megachile ericetorum*), brauchen für ihre Nester Lehm. Die seltene Schwarze Mörtelbiene (M. parietina) baut sogar ganze Lehmnester an Felswänden. Ebenso eine ganze Reihe solitärer Wespen: Sie sammeln Lehm zum Nestbau, allen voran die Lehmwespen (Seite 93). Der Lehm wird meist dort gesammelt, wo der Boden etwas feucht ist, wie etwa an Gewässerufern, Pfützen oder Erdlöchern. Wenn du dich also wunderst, warum oberirdisch nistende Mauerbienen in Erdlöchern verschwinden, dann gibt es dort wohl feuchten Lehm.

Steilwände aus Lehm oder andere sandig-lehmige Stellen im Garten werden von den Lehmsammlern gerne angenommen. An trockenen Tagen helfen Teichränder mit feuchten Bodenstellen. Man kann auch versuchen, eine Schale mit feuchtem Lehm aufzustellen, und die Bienen und Wespen dann mit etwas Glück dort beobachten.

FEATURE

WER WOHNT HIER SONST NOCH?

Die Nisthilfen im Garten helfen nicht nur Wildbienen, sondern auch anderen wichtigen Nützlingen. Dazu gehören Falten-, Weg- und Grabwespen. Dabei sind Wespen, im Gegensatz zu Bienen, eher unbeliebt, weil mindestens zwei von ihnen sofort jeden sommerlichen Kuchentisch finden. Allgemein bekannt sind die sozialen Arten, wie die Gewöhnliche Faltenwespe sowie die Hornisse, die ebenfalls zu den Wespen gehört. Wie die Wildbienen sind die meisten Wespenarten jedoch Einzelgänger, sie leben also nicht in einem Staat. Die wenigsten kennen diese solitären Wespenarten, die übrigens auch nicht immer gelb-schwarz gestreift sind.

Grabwespen

Die Grabwespen (Spheciformes) sind die nächsten Verwandten der Bienen; sie sehen manchen Arten sogar oft recht ähnlich. Grabwespen sammeln für ihren Nachwuchs jedoch keinen Pollen, sondern tierische Nahrung. Viele Arten sind deshalb im Garten besonders willkommen: Sie sind natürliche Schädlingsregulierer. Manche jagen Blattläuse, andere Schaben oder Schmetterlingsraupen. Einige Arten nisten in Schilfhalmen oder Löchern in Totholz, andere werden ihrem Namen gerecht und graben Nester in den Boden.

Grabwespen sind insbesondere an den Beinen deutlich weniger behaart als die meisten Wildbienen.

Lehmwespen sind solitäre Faltenwespen, die für ihren Nestbau oft Lehm verwenden. Einige nisten in Schilf- und Holznisthilfen.

Faltenwespen

Neben den zwei häufigen und unbeliebten sozialen Arten, der Gewöhnlichen und der Deutschen Faltenwespe (*Vespula vulgaris* und *V. germanica*), gibt es eine ganze Reihe unauffälliger solitärer Arten. Sie werden auch Lehmwespen (Eumeninae) genannt und sehen ihren sozialen Verwandten sehr ähnlich. Sie sind fast immer schwarz-gelb gefärbt. Einige Arten nutzen Schilfhalme und Löcher von hölzernen Nisthilfen, andere nisten in lehmigem Boden oder mörteln ihre Nester an Steinen fest. Als Nahrung für die Nachkommen werden Raupen von Schmetterlingen oder Käfern gejagt. Damit leisten sie auch einen Beitrag zur natürlichen Schädlingsbekämpfung im Garten.

Wegwespe mit erbeuteter Spinne: Das gelähmte Tier wird in das Nest gebracht und dient als Larvennahrung.

Wegwespen

Alle Wegwespen (Pompilidae) jagen Spinnen. Da Spinnen sich schnell bewegen können, müssen die Wegwespen also sehr flinke Jäger sein. Ihre Beute lähmen sie durch einen Stich mit ihrem Giftstachel. Sie bringen ihr Opfer in ein Versteck, in ihr Nest, wo ein Ei auf die Beute gelegt wird. Die Larve ernährt sich dann von der Spinne.

Man erkennt sie mit etwas Übung an ihrem unruhigen schnellen Flug oder den vibrierenden Flügeln beim Herumlaufen. Die meisten Arten sind überwiegend dunkel gefärbt, haben aber teilweise kleinere weiß-gelbe oder rote Flecken. Viele Arten nisten in selbst gegrabenen oder in bestehenden Hohlräumen im Boden, wenige in Schilfhalmen oder Löchern im Holz.

FEATURE

GEGENSPIELER DER BIENEN

Fliegende Edelsteine – so werden die hübschen Goldwespen auch genannt.

Die schlanken Keulenwespen sind häufig an Nisthilfen zu beobachten.

Goldwespen

Die kleinen, bunt metallisch glänzenden Goldwespen (Chrysididae) sind Kuckuckswespen (Seite 78) und sehr hübsch. Viele Arten sind an spezielle Bienen- oder Wespenarten, besonders Grab- und Faltenwespen, angepasst und legen nur in deren Nestern ihre Eier ab. Man kann sie an Schilf- und Holznisthilfen oder aber an Bodennistplätzen ihrer Wirte beobachten.

Keulenwespen

Es gibt vier heimische Arten von Keulenwespen (Sapygidae). Sie treten regelmäßig an Schilf- und Holznisthilfen auf, wo Mauer-, Scheren- und Löcherbienen nisten. Sie sind Kuckuckswespen und schmuggeln, ähnlich wie die Goldwespen, heimlich ein Ei in ein noch offenes Nest. Keulenwespen haben einen sehr schmalen Körper und lange Fühler, die teilweise am Ende keulig verdickt sind – was ihnen den Namen gab.

Der Trauerschweber hat es auf die Nester von Mauer- und Blattschneiderbienen abgesehen.

So hübsch er ist, der Bienenkäfer ist als Larve räuberisch in Bienennestern unterwegs. Dies hat ihm auch den Beinamen „Bienenwolf“ gegeben.

Wollschweber

Wollschweber (Bombyliidae) gehören zu den Fliegen und sind als Raubparasiten vor allem an Bienennestern zu finden. Einige Arten sieht man in der Nähe der Nesteingänge bodennistender Bienen: Hier werfen sie ihre Eier ab; wenn die Larven schlüpfen, kriechen sie in die Nester und saugen die Larven aus. Der schwarz geflügelte Trauerschweber (*Anthrax anthrax*, im Bild) hat sich auf oberirdisch nistende Bienen, insbesondere Mauer- und Blattschneiderbienen, spezialisiert.

Buntkäfer

Der Gewöhnliche Bienenkäfer (*Trichodes apiarius*) ist eine Buntkäfer-Art (Cleridae). Seine Larven leben räuberisch in Nestern von oberirdisch nistenden Bienen. Dort arbeiten sich die gefräßigen Larven durch das ganze Nest. Nach dem Verpuppen schlüpft dann der hübsche Käfer. Man sieht ihn manchmal beim Blütenbesuch oder an Nisthilfen. Er gehört zu den geschützten Arten.

GET IN TOUCH: WILDBIENEN ERKENNEN

Bei fast 600 Arten in Deutschland ist das Erkennen von Wildbienen nicht leicht. Trotzdem lassen sich einige Arten, und vor allem übergeordnete Gattungen unterscheiden. In diesem Kapitel stellen wir die wichtigsten heimischen Gattungen mit ausgewählten Arten vor. Da auch das Verhalten manchmal wichtige Hinweise zur Identität der Bienen gibt, lohnt es sich die fleißigen Tiere im Garten zu beobachten.

FEATURE

DIE FAMILIEN DER BIENEN

Der Stammbaum der Bienen reicht bis in die Zeit der Dinosaurier vor etwa 130 Millionen Jahren zurück. Vor etwa 140 Millionen Jahren, zu Beginn der Kreidezeit, entwickelten sich die ersten Blütenpflanzen. Auf den Blüten dieser Pflanzen tummelten sich bald kleinste Insekten. Diese kleinen Insekten wurden von kreidezeitlichen Grabwespen als Nahrung für ihre Nachkommen gejagt. Dabei wurde auch Pollen mit ins Nest transportiert. Nach und nach entwickelten sich aus den jagenden Grabwespen die ersten pollensammelnden Bienen. Mit dieser Entwicklung bekamen die Blütenpflanzen effektive Bestäuber. Gemeinsam entwickelten sich bei Ihnen und den Bienen die vielfältigsten Formen. Heute sind weltweit etwa 20 000 Bienenarten bekannt, wobei jedes Jahr weitere Arten entdeckt werden.

Die Bienen werden in sieben Familien unterteilt. Alle Familien sind, mit Ausnahme einer rein australischen Familie (Stenotritidae), bei uns vertreten. Die ursprünglichste Familie ist die Sägehornbienen-Verwandtschaft (Melittidae). Vor gut 100 Millionen Jahren hat sich dann die Gruppe der langzüngigen Bienen entwickelt. Daraus entwickelte sich die Honigbienen- und Blattschneiderbienen-Verwandtschaft (Apidae und Megachilidae). Noch vor dem Aussterben der Dinosaurier, vor 65 Millionen Jahren, entwickelten sich die ersten Sandbienen-, Furchenbienen- und Seidenbienen-Vorfahren (Andrenidae, Halictidae und Colletidae).

Diese 130 Millionen Jahre Entwicklungsgeschichte laufen jetzt Gefahr, in nur wenigen Jahrzehnten zerstört zu werden! Wir müssen alle Anstrengungen auf uns nehmen, dass es nicht so weit kommt und diese faszinierende Vielfalt erhalten bleibt.

IN BERNSTEIN KONSERVIERT: 20 MILLIONEN JAHRE ALTE BIENE.

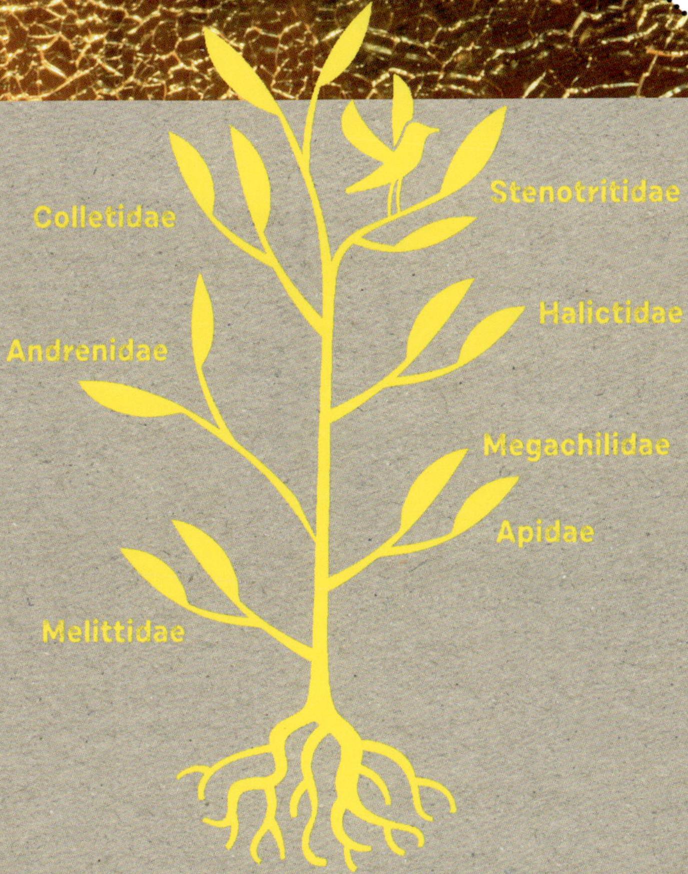
Colletidae
Stenotritidae
Halictidae
Andrenidae
Megachilidae
Apidae
Melittidae

DIE SEIDENBIENEN-FAMILIE

Aus der Seidenbienen-Familie (*Colletidae*) kommen bei uns zwei Gattungen vor. Beide sind weltweit gesehen sehr artenreich: Von den Seidenbienen sind über 500 Arten bekannt, von den Maskenbienen sogar fast 800 Arten. In Deutschland kommen jedoch nur 15 Seidenbienen und etwa 40 Arten von Maskenbienen vor.

Gemeinsam ist ihnen eine sehr kurze und breit abgestumpfte Zunge, womit sie Nektar nur an leicht zugänglichen Blüten erreichen. Tiefkelchige Blüten bleiben ihnen vorenthalten. Während die Seidenbienen ihre Nester im Boden selbst graben, nisten Maskenbienen nur in vorhandenen Hohlräumen, meist über der Erde. Die Maskenbienen sind bei näherer Beobachtung relativ leicht zu erkennen und eher mit kleinen Grabwespen als mit anderen Bienengattungen zu verwechseln. Die Seidenbienen dagegen können leicht mit Sand- oder Sägehornbienen verwechselt werden.

Seidenbienen haben eine besondere Fähigkeit: sie produzieren „Plastik“. Mit speziellen Drüsensekreten können die Weibchen Polyester herstellen und kleiden damit ihre Brutzellen aus. So entsteht ein seidige Schutzhaut, was den Seidenbienen ihren Namen verliehen hat. Die Schutzhaut der Brutzellen ist „hightech“, denn sie ist wasserdicht, aber atmungsaktiv und sehr dünn. Auch die Maskenbienen kleiden ihre Brutzellen mit einem Sekret aus, dass jedoch aus Proteinen besteht, ähnlich wie bei Schmetterlings-Kokons.

Im Garten findet man einige Maskenbienen-Arten, die unter anderem in Schilfhalmen nisten. Insbesondere im Hochsommer tummeln sie sich auf den Dolden der Wilden Möhre (*Daucus carota*) oder auf Schafgarben (*Achillea* spec.). Der Rainfarn (*Tanacetum vulgare*) ist sowohl bei einigen Maskenbienen als auch manchen Seidenbienen sehr beliebt. Während die meisten Maskenbienen beim Pollensammeln wenig wählerisch sind, haben sich fast alle heimischen Seidenbienen auf bestimmte Pflanzen als Pollenquelle spezialisiert.

Seidenbienen

Colletes

Diese kleinen bis mittelgroßen Bienen (meist 8–12 mm groß) haben einen herzförmigen Kopf mit kurzer breiter Zunge. Fast alle Arten haben helle Haarbinden am Hinterleib. Nur die Frühlings-Seidenbiene (*Colletes cunicularius*) ist etwas größer und ohne deutliche Haarbinden. Sie fliegt als einzige Art der Gattung im Frühling und sammelt Pollen besonders gern an Weiden. Sie kann Nisthügel besiedeln und bei günstigen Bedingungen große Kolonien bilden. Die anderen Arten fliegen eher im Hochsommer: Etwas häufiger sind Buckel- und Rainfarn-Seidenbiene (*C. daviesanus* und *C. similis*) und die Efeu-Seidenbiene (*C. hederae*). Letztere ist dafür bekannt, in Sandkästen zu nisten; sie fliegt erst ab Mitte August.

Maskenbienen

Hylaeus

Die Maskenbienen sind kleine schwarze Tiere, die wenig behaart sind. Sie sammeln den Pollen nicht am Körper, sondern verschlucken ihn und würgen ihn im Nest wieder hoch. Sie brauchen damit keine speziellen Haare zum Transport von Pollen. Die Gattung erkennt man an der typischen hellen Gesichtsmaske sowie an hellen Punkten an den Beinen. Die Weibchen haben meist einen hellen Fleck neben jedem Auge, die Männchen eine durchgehende helle Maske (siehe Bild). Die einzelnen Arten sind sehr schwierig zu unterscheiden. Eine Ausnahme bildet die Rote Maskenbiene (*Hylaeus variegatus*), die als einzige Art einen teilweise roten Hinterleib hat.

DIE SANDBIENEN-FAMILIE

Die Sandbienen-Familie (Andrenidae) ist bei uns mit vier Gattungen vertreten. Zwei Gattungen sind selten: Die zwei Arten der Scheinlappenbienen (*Panurginus*) kommen nur in den Alpen vor, die Steppen-Buntbiene (*Camptopoeum frontale*) nur an wenigen Stellen mit salzhaltigen Böden in Sachsen-Anhalt. Die Zottelbienen (*Panurgus*) hingegen sind in ganz Deutschland verbreitet, jedoch vielerorts relativ selten. Die schwarz glänzenden Zottelbienen nisten teilweise kommunal. Sie haben also eine „Wohngemeinschaft" mit einem Eingang, aber jedes Weibchen hat ihr eigenes „Zimmer" für ihre Nachkommen.

Die Sandbienen (*Andrena*) sind die artenreichste Gattung mit weit über 100 heimischen Arten und sogar über 1000 Arten weltweit. Sie sind fast überall anzutreffen, von den Küstendünen bis in die Hochlagen der Alpen, wo erst im Jahr 2019 eine neue Art entdeckt wurde. Unter ihnen findet man viele Frühlingsarten, die bereits ab März fliegen, aber auch einige Spätsommerarten die noch im September zu sehen sind. Manche Arten bringen sogar zwei Generationen pro Jahr hervor und sind dann sowohl im Frühjahr als auch im Sommer zu sehen. Alle heimischen Arten dieser Familie nisten im Boden, sowohl einzeln als auch in riesigen Kolonien mit vielen Tausend Nestern. Von den fast 130 heimischen Sandbienen-Arten sind etwas weniger als die Hälfte oligolektisch. Darunter sind einige Arten auf Weiden spezialisiert, was bei sonst keiner Gattung auftritt. Andere Sandbienen teilen ihre Vorliebe für spezielle Blütenpflanzen mit anderen Gattungen, etwa für Schmetterlingsblütler, Korbblütler oder Glockenblumen. Besonders spezielle Vorlieben haben Spargel-Sandbiene (*Andrena chrysopus*), Ochsenzungen-Sandbiene (*Andrena nasuta*) und Zaunrüben-Sandbiene (*Andrena florea*), wie ihre Namen verraten.

Sandbienen

Andrena

Sandbienen sind sehr vielgestaltig. Alle Weibchen haben eine samtig behaarte Grube (Fovea) neben jedem Komplexauge und je eine Haarlocke (Flocculus) am Ansatz der Hinterbeine. Dies unterscheidet sie zwar von allen anderen Gattungen, aber diese Merkmale sind mit bloßem Auge oft nicht genau zu erkennen. Im Frühjahr, wenn ähnliche Gattungen, wie Seidenbienen (außer der Frühlings-Seidenbiene) und Sägehornbienen, noch nicht fliegen, lassen sich Sandbienen leichter identifizieren. Sie können klein und schwarz sein, es gibt aber auch große, teilweise rot gefärbte Arten. Das Erscheinungsbild dieser Gattung ist also sehr abwechslungsreich.

Zottelbienen

Panurgus

Zottelbienen sind schwarz glänzend, zerstreut behaart und 7–12 mm groß. Die Weibchen haben lang und struppig behaarte Hinterbeine. Damit sammeln sie größere Mengen Pollen. Bei uns sind drei Arten heimisch, die im Sommer fliegen und auf Korbblütler spezialisiert sind. Die Große Zottelbiene (*Panurgus banksianus*) und die Stumpfzähnige Zottelbiene (*P. calcaratus*) sind in ganz Deutschland verbreitet, jedoch eher selten anzutreffen und in manchen Bundesländern als gefährdet eingestuft. Die Spitzzähnige Zottelbiene (*P. dentipes*) kommt nur im Südwesten Deutschlands vor.

DIE FURCHENBIENEN-FAMILIE

Zur Furchenbienen-Familie (Halictidae) zählen mehrere seltene Gattungen. Auch die kleinste heimische Art, die Steppenbiene (*Nomioides minutissimus*), gehört dazu. Weitere seltene Arten findet man bei den auf Acker-Winde spezialisierten Spiralhornbienen (*Systropha*) oder den Schlürfbienen (*Rophites*), die auf Lippenblütler spezialisiert sind. Ebenfalls zur Furchenbienen-Verwandtschaft gehört die Luzernen-Graubiene (*Rophitoides*), die nur Schmetterlingsblütler nutzt. Die Glanzbienen (*Dufourea*) sind mit sechs Arten bei uns vertreten, von denen drei auf Glockenblumengewächse spezialisiert sind. Häufig anzutreffen sind die drei artenreichen Gattungen der Furchenbienen (*Halictus*), Schmalbienen (*Lasioglossum*) und Blutbienen (*Sphecodes*).

Furchenbienen

Halictus

Die Furchenbienen bestehen aus knapp 20 kleinen bis großen Arten, bei denen die Weibchen eine behaarte Furche am Ende des Hinterleibs besitzen. Diese Furche haben auch die Schmalbienen. Die Weibchen dieser beiden Gattungen kann man daher leicht erkennen. Die Furchenbienen haben aber im Gegensatz zu den Schmalbienen deutliche Haarbinden an den Enden der Hinterleibssegmente. Die Männchen sind von sehr schmaler Gestalt und haben lange Fühler, sind aber nur schwer von denen der Schmal- und Blutbienen zu unterscheiden.

Schmalbienen

Lasioglossum

Diese artenreiche Gattung mit über 70 heimischen Arten besteht aus kleinen und mittelgroßen Vertretern. Einige Arten kommen sehr häufig vor. Sie haben, wie die Furchenbienen, eine behaarte Furche am Ende des Hinterleibs, aber meist keine deutlichen Haarbinden. Wenn Haarbinden vorhanden sind, befinden diese sich an der Basis der Hinterleibssegmente. Manche Arten sind sozial, sie leben in einem Staat mit einer Königin und einigen Arbeiterinnen. Nur eine einzige Art, die Glockenblumen-Schmalbiene (*Lasioglossum costulatum*), ist bei der Pollenwahl spezialisiert.

Blutbienen

Sphecodes

Die 25 heimischen Blutbienen-Arten sind Kuckucksbienen (Seite 78). Sie suchen die Nester von Schmal-, Furchen- und Sandbienen, um dort ihre Eier hineinzuschmuggeln. Die Größte, die Riesen-Blutbiene (*Sphecodes albilabris*), geht an die Nester der Frühlings-Seidenbiene. Man erkennt Blutbienen an ihrer typischen schwarz-roten Färbung: Kopf und Bruststück sind schwarz, der Hinterleib rot, manchmal mit schwarzem Ende, aber nie mit heller Färbung. Da sie keinen Pollen sammeln, sind sie wenig behaart und so von manchen anderen schwarz-roten Arten zu unterscheiden.

DIE SÄGEHORNBIENEN-FAMILIE

Die kleinste heimische Familie, die Sägehornbienen-Familie (Melittidae), besteht bei uns aus nur zwölf Arten. Davon sind zwei bereits ausgestorben. Alle Arten sind oligolektisch, also auf bestimmte Pflanzen spezialisiert, und teilweise relativ selten. Falls sie jedoch in der Nähe vorkommen, kann man sie leicht beobachten. Sie alle nisten im Boden und treten erst ab Juni oder Juli auf. Einige von ihnen kann man im Garten fördern, indem man ihre speziellen Nahrungspflanzen wachsen lässt.

Sägehornbienen

Melitta

Die Sägehornbienen kommen bei uns mit sechs mittelgroßen Arten vor, von denen eine ausgestorben ist. Sie sehen den Sand- und Seidenbienen ähnlich, haben aber „Klumpfüße“, denn ihr letztes Fußglied (Klauenglied) ist verdickt. Ihren Namen hat die Gattung von den beulig verdickten, sägeartig aussehenden Fühlergliedern der Männchen. Je eine Art hat sich auf Zahntrost und Blut-Weiderich spezialisiert, deren Pollen sonst nur von wenigen Bienen gesammelt wird. Zwei weitere Arten nutzen die bei vielen Bienen beliebten Glockenblumen und Schmetterlingsblütler.

Schenkelbienen

Macropis

Diese Gattung besteht bei uns aus zwei kleinen, sehr ähnlichen Arten. Beide sind auf Gilbweiderich spezialisiert und sammeln als einzige heimische Arten Blütenöle und kleiden ihre Nester damit aus. Da sie vom Gilbweiderich zwar Öl, aber keinen Nektar bekommen, besuchen sie auch andere Pflanzen, wie Sumpf-Storchschnabel oder Kratzdisteln. Weibchen strecken ihre Beine beim Blütenbesuch am Gilbweiderich charakteristisch nach hinten.

Hosenbienen

Dasypoda

Hosenbienen sind große Tiere mit sehr lang behaarten Hinterbeinen („Hosen"). Damit transportieren die Weibchen große Mengen an Pollen. Von den vier heimischen Arten sind zwei auf Kardengewächse (Skabiosen und Witwenblumen) spezialisiert. Eine davon ist bereits ausgestorben, die zweite ist extrem selten. Die einzige, etwas häufigere Art *Dasypoda hirtipes* ist auf Korbblütler spezialisiert, nistet gern in Sandböden und fliegt von Juli bis August.

DIE BLATTSCHNEIDER-BIENEN-FAMILIE

Die Mitglieder der großen Blattschneiderbienen-Familie (Megachilidae) sind Bauchsammler, sofern sie keine Kuckucksbienen sind. Die Weibchen sammeln den Pollen nicht an den Beinen, sondern in einer Haarbürste am Bauch und sind daran gut zu erkennen. Zu den Kuckucksbienen ohne Bauchbürste gehören vier Gattungen, darunter die Zweizahnbienen (*Aglaoapis* und *Dioxys*), die sehr selten sind und jeweils nur mit einer Art bei uns vorkommen. Von den nestbauenden Arten ist die Gattung der Steinbienen (*Lithurgus*) mit nur zwei Arten ebenfalls sehr selten. Häufiger sind die zwei Arten der Harzbienen (*Trachusa byssina* und *Anthidiellum strigatum*) und die folgenden Gattungen.

Blattschneiderbienen

Megachile

Die etwa 20 Arten sind kleinere bis große Bienen, die ihre Nester mit Blattstücken auskleiden (Seite 90). Nur wenige Arten nutzen Lehm zum Nestbau und werden deswegen Mörtelbienen genannt. Die Weibchen haben eine Sammelbürste am Bauch und einen nach hinten verschmälerten Hinterleib. Manche Männchen haben verbreiterte und hell gefärbte Vorderbeine. Beide Geschlechter sind den Mauerbienen sehr ähnlich. Neu in Deutschland ist die riesige Asiatische Mörtelbiene (*Megachile sculpturalis*), die aus Ostasien stammt und sich aktuell ausbreitet.

Mauerbienen

Osmia und Hoplitis

Die zwei Gattungen bestehen aus etwa 40 Arten von kleineren bis mittelgroßen Bauchsammler-Bienen, die im Gegensatz zu den Blattschneiderbienen meist einen rund-ovalen Hinterleib haben. Sie nisten in verschiedensten Hohlräumen, vom Schilfhalm bis zum leeren Schneckenhaus. Manche bauen ihre Nester auch an Felsen. Die seltene Mohnbiene (*Hoplitis papaveris*) nistet im Boden. Nur wenige Arten, wie die schwarz-rot behaarte Gehörnte Mauerbiene (*Osmia cornuta*, Bild Seite 96), sind an Nisthilfen leicht zu erkennen, während die meisten schwer zu unterscheiden sind.

Scherenbienen

Chelostoma

Die Scherenbienen sind nah mit den Mauerbienen verwandt. Sie erkennt man an ihrem schmalen Körperbau und den langen, scherenartigen Mundwerkzeugen. In Deutschland kommen nur vier Arten vor, zwei sehr kleine (6 mm lang) und zwei etwas größere (8–10 mm). Die beiden größeren lassen sich beim Blütenbesuch gut unterscheiden. Eine von ihnen ist auf Hahnenfuß und die andere auf Glockenblumen spezialisiert. Auch die beiden kleinen Arten sind Glockenblumen-Spezialisten. Alle nisten in Hohlräumen und besiedeln gern Nisthilfen mit Schilfhalmen und Holzlöchern.

Löcherbienen

Heriades

Die drei heimischen Arten der Löcherbienen sind kleine schwarze Bauchsammler mit feinen, weißen Haarbinden am Hinterleib. Sie sind den Mauerbienen sehr ähnlich, haben aber eine Kante auf dem ersten Hinterleibssegment. Die beiden verbreiteten Arten nisten in vorhandenen Hohlräumen, wie Schilfhalmen, und verschließen ihre Nester mit Harz. An Nisthilfen kann man im Sommer oft die häufige Gewöhnliche Löcherbiene (*Heriades truncorum*) beobachten, wenn genügend Korbblütler in der Nähe stehen. Auch die anderen beiden Arten sind auf Korbblütler spezialisiert.

Wollbienen

Anthidium und *Pseudoanthidium*

Wollbienen sind kleine bis große Bauchsammler, die ihre Nester mit Pflanzenhaaren („Wolle") auskleiden. Sie sind auffällig schwarz und gelb gefärbt. Die Weibchen sind an der Bauchbürste, die Männchen meist an Dornen oder Lappen am Hinterleibsende zu erkennen. Sehr ähnlich sind die nah verwandte Zwerg-Harzbiene und ihre Kuckucksbiene, die Gelbfleckige Düsterbiene (*Stelis signata*). Die häufigste Art ist die Garten-Wollbiene (*Anthidium manicatum*, Seite 14), die durch ihre Größe (10–18 mm) und das territoriale Verhalten der Männchen auffällt.

Düsterbienen

Stelis

Düsterbienen sind Kuckucksbienen (Seite 78) bei verschiedenen Bauchsammler-Arten. Die etwa zehn Arten sind meist klein und schwarz gefärbt. Manche haben kleine helle Punkte am Hinterleib, die nur bei der Gelbfleckigen Düsterbiene (*Stelis signata*) etwas ausgedehnter sind. Die häufigste Art ist die Punktierte Düsterbiene (*S. punctulatissima*), die an den aufgehellten Endrändern der Hinterleibssegmente erkannt werden kann. Sie legt ihre Eier in die Nester von Wollbienen.

Kegelbienen

Coelioxys

Die Kegelbienen sind leicht zu erkennende Kuckucksbienen (Seite 75): Insbesondere die Weibchen fallen durch ihren kegelförmigen Hinterleib mit weißen Haarflecken auf. Die Männchen haben am Hinterleibsende außerdem sechs bis acht Dornen. Die meisten der zwölf heimischen Arten legen ihre Eier in die Nester von Blattschneiderbienen. Da keine von ihnen besonders häufig ist, braucht man etwas Glück, um sie im Garten zu beobachten.

DIE HONIGBIENEN-FAMILIE

Die große Honigbienen-Familie (Apidae) besteht aus vielen Gattungen. Dazu zählen auch Hummeln (Seite 116) und Honigbienen (Seite 12). Alle Arten gehören zu den langzüngigen Bienen, was bei manchen Pelzbienen oder Hummeln eindrücklich zu sehen ist. Die Familie beinhaltet einige Gattungen von Kuckucksbienen mit seltenen Arten, wie die Schwarzgesichtige Fleckenbiene (*Thyreus orbatus*), die Sandgängerbiene (*Ammobates punctatus*), die Schmuckbiene (*Epeoloides coecutiens*) sowie drei Arten der Kraftbienen (*Biastes*). Außerdem gehört die artenreichste Kuckucksbienen-Gattung, die Wespenbienen (*Nomada*), zu dieser Familie. Neben den größten heimischen Arten, wie Holzbienen und Hummeln, finden sich hier auch kleine Arten, besonders bei den Wespenbienen.

Pelzbienen

Anthophora und *Amegilla*

Die Pelzbienen sind stark behaarte, meist große Arten und sehen damit den Hummeln ähnlich. Die Männchen, und bei manchen Arten auch die Weibchen, haben ein hell gefärbtes Gesicht. Sie fliegen meist schnell und hektisch, während Hummeln normalerweise gemächlicher unterwegs sind. Von den 14 heimischen Arten sind mehrere bereits ausgestorben. Nur die Frühlings-Pelzbiene (*Antophora plumipes*) ist noch häufig anzutreffen.

Langhornbienen

Eucera mit *Tetralonia* und *Tetraloniella*

Die Männchen dieser Gattung sind durch ihre fast körperlangen Fühler unverwechselbar. Die Weibchen haben hingegen kein so eindeutiges Merkmal. Sie sind stämmig gebaut und haben meist kräftige Haarbinden am Hinterleib. Da alle von ihnen bei der Pollenwahl spezialisiert sind, kann der Blütenbesuch ein Indiz sein. Drei der aktuell sechs in Deutschland vorkommenden Arten sind auf Schmetterlingsblütler spezialisiert und insbesondere an Wicken und Platterbsen zu finden. Drei weitere, seltene Arten nutzen jeweils nur Blut-Weiderich, Malven oder Korbblütler.

Keulhornbienen

Ceratina

Keulhornbienen sind bei uns mit drei kleineren Arten vertreten, die ihre Nester in markhaltige Stängel nagen. Sie haben kurze keulenförmige Fühler, meist einen weißen Fleck im Gesicht und eine kleine Spitze am Hinterleibsende. Zwei der Arten sind grün-metallisch glänzend: die häufige Gewöhnliche Keulhornbiene (*Ceratina cyanea*) und die seltenere Große Keulhornbiene (*Ceratina chalybea*). Letztere kommt nur im Südwesten deutschlands vor. Eine ähnliche Verbreitung hat die Schwarzglänzende Keulhornbiene (*Ceratina cucurbitina*), die aber noch weiter nördlich anzutreffen ist.

Holzbienen

Xylocopa

Holzbienen gehören zu den größten und auffälligsten heimischen Wildbienen. Schon durch ihre schwarze Färbung und bloße Größe (über 2 cm) sind sie höchstens mit Hummeln zu verwechseln, die aber nie ganz schwarz sind. Die Blauschwarze Holzbiene (*Xylocopa violaceae*) hat sich in den letzten Jahren in fast ganz Deutschland ausgebreitet. Die Schwarzfühler-Holzbiene (*X. valga*) ist erst seit einigen Jahren hier heimisch, bisher aber nur am Oberrheingraben und am Hochrhein nachgewiesen. Lediglich die Männchen der beiden Arten lassen sich gut unterscheiden: Die vorletzten Fühlerglieder der Blauschwarzen Holzbiene sind rot-gelb.

Wespenbienen

Nomada

Die Wespenbienen sind die artenreichste Gattung unter den Kuckucksbienen (Seite 78) und bei uns mit fast 70 Arten vertreten. Die meisten von ihnen legen ihre Eier in die Nester von Sandbienen. Manche Arten schmarotzen auch bei Schmal-, Zottel- oder Langhornbienen. Durch ihre wespenartige, schwarz, rot und gelbe Zeichnung können sie leicht mit Wespen verwechselt werden. Der typische Suchflug nahe über dem Boden ist aber ein gutes Indiz zum Erkennen der Kuckucksbienen. Es gibt viele kleine und mittelgroße Arten, die oft schwer zu bestimmen sind. Die Weibchen erkennt man an der Haarfranse am fünften Hinterleibssegment.

Trauerbienen

Melecta

Von den Trauerbienen gibt es zwei Arten in Deutschland, die bei Pelzbienen schmarotzen. Es sind größere Arten, die an den auffälligen hellen Haarflecken an Hinterleib und Beinen zu erkennen sind. Die Pracht-Trauerbiene (*Melecta luctuosa*) hat eine schwarze Behaarung mit weißen Flecken, während die Gewöhnliche Trauerbiene (*Melecta albifrons*) eine braune Behaarung mit weißgelben Flecken trägt. Letztere ist zwar die häufigere von beiden Arten, aber trotzdem nicht oft anzutreffen.

Filzbienen

Epeolus

Filzbienen schmarotzen bei Seidenbienen und sind mit fünf Arten in Deutschland vertreten. Ihren Namen haben sie von den weißen Filzflecken auf ihrem Körper. Die kleinen bis mittelgroßen Bienen sind schwarz mit meist roten Beinen. Die Gewöhnliche Filzbiene (*Epeolus variegatus*) ist die häufigste Art und legt ihre Eier in die Nester der auf Korbblütler spezialisierten Seidenbienen. Etwas häufiger ist sonst nur die Heide-Filzbiene (*E. cruciger*) in Sandgebieten anzutreffen, wo ihr Hauptwirt, die Heidekraut-Sandbiene, vorkommt.

FEATURE

WILDE HUMMELN

Hummeln (*Bombus*) gehören zur Honigbienen-Verwandtschaft der vorhergehenden Seiten und sind wohl die bekanntesten Wildbienen. Aber dass es über 40 heimische Arten gibt, wissen die wenigsten. Hummeln sind allseits bekannt und beliebt – wegen ihrer Friedfertigkeit und ihrer pelzigen, pummeligen Gestalt. Viele glauben, Hummeln könnten nicht stechen. Aus eigener Erfahrung wissen wir, sie können wirklich schmerzhaft stechen. Sie tun es allerdings äußerst selten und nur, wenn man versehentlich auf sie tritt oder sie fängt.

In Deutschland leben etwa 30 soziale Hummelarten. Im Gegensatz zu den Honigbienen, bei denen das ganze Volk überwintert, überleben bei den Hummeln nur die jungen Königinnen den Winter und gründen jeweils allein einen neuen Staat, meist in einem Hohlraum im Boden.

Mit der Zeit schlüpfen Arbeiterinnen und sammeln Nektar und Pollen, ziehen Larven auf und sorgen für den Staat. Im Hochsommer schlüpfen schließlich neue Königinnen und Männchen (Drohnen), die sich dann paaren. Im Spätsommer zerfällt der Hummelstaat und nur die jungen Königinnen überwintern.

Kuckuckshummeln

Neben den sozialen Hummeln gibt es bei uns auch neun schmarotzende Arten von Kuckuckshummeln (Seite 78), die keine eigenen Nester bauen und keinen eigenen Staat gründen, sondern in bestehende Nester von sozialen Arten eindringen und dort die Königin vertreiben oder töten. Von Kuckuckshummeln gibt es keine Arbeiterinnen, sondern nur Königinnen und Drohnen. Sie werden von den Arbeiterinnen der vertriebenen Königin versorgt und lassen ihre eigenen Nachkommen von ihnen aufziehen.

Um zu wissen, ob es sich um eine soziale Hummel oder eine Kuckuckshummel handelt, lohnt sich ein Blick auf die Hinterbeine der Weibchen. Siehst du

Kuckuckshummeln haben komplett behaarte Hinterbeine, wie man an dieser Rotschwarzen Kuckuckshummel gut sieht.

dort Pollen, ist es eine soziale Hummel. Bei fehlendem Pollen musst du am „Schenkel" des Hinterbeins schauen, ob er behaart oder kahl und glänzend ist. Falls das Bein komplett behaart ist, handelt es sich um eine Kuckuckshummel.

Besonders auffällig ist die große Rotschwarze Kuckuckshummel (*Bombus rupestris*), die durch ihre dunkel gefärbten Flügel ins Auge fällt. Sie sieht daher den Holzbienen ähnlich, nur mit einem roten „Po".

Die fünf häufigsten Hummelarten lassen sich an der Farbzeichnung erkennen. Allerdings gibt es auch seltenere Arten mit diesen Farben.

Natürliche Nistplätze

Soziale Hummeln nisten meist in vorhandenen Hohlräumen im Boden, zum Beispiel in verlassenen Nestern von Mäusen und anderen Nagern. Manche nisten auch oberirdisch in Gras- und Moospolstern. Garten- oder Steinhummeln findet man manchmal auch in Scheunen oder Dachböden. Die Baumhummel baut ihre Nester in Baumhöhlen oder manchmal in Vogel-Nistkästen.

Hummelkästen

Man kann den Hummeln einen künstlichen Hummelkasten zur Verfügung stellen (mehr dazu bei den Bezugsquellen auf Seite 122). Man sollte aber wissen, dass dort nicht sicher eine Hummelkönigin einziehen wird. Falls der Kasten besiedelt wird, muss er jedes Jahr gründlich gesäubert werden. Außerdem sollte man auf einen Befall mit Wachsmotten achten.

Neben den Holzbeton-Hummelkästen aus dem Handel kann man einen Hummelkasten aus Karton oder Holz selber bauen. Wer sich das Halten von Hummeln zutraut, findet Anleitungen dazu in den empfohlenen Büchern im Info-Teil.

Nahrungspflanzen

Hummeln sind meist polylektische Wildbienen, können also Nektar und Pollen von vielen Pflanzen nutzen. Sie profitieren damit von einem blütenreichen Garten. Eine Ausnahme ist die alpine Eisenhut-Hummel (*Bombus gerstaeckeri*). Mit ihrem sehr langen Rüssel ist sie perfekt an den giftigen Eisenhut als Nahrungspflanze angepasst.

Hummeln helfen bei der Bestäubung

Hummeln sind wertvolle Bestäuber. Sie sind gut an kältere Bedingungen angepasst, weil sie ihre Flugmuskulatur aktiv aufheizen können und dicht behaart sind. Deshalb bestäuben Hummeln, auch bei kälterer Witterung, unsere Obstbäume. Auch für die Bestäubung von Tomatenpflanzen sind sie wichtig; sie werden dazu kommerziell in Gewächshäusern eingesetzt. Im Zuge dessen werden gezüchtete Hummelvölker – mitsamt ihrer Krankheitserreger – um die ganze Welt geschickt. Leider entwischen sie zum Teil in die Freiheit und treten in Konkurrenz zu heimischen Wildbienen. Deshalb sollte man den Handel von Hummelvölkern auf keinen Fall unterstützen.

Hummeln gehören zu den fleißigsten Bestäubern, denn sie fliegen auch bei kälterer Witterung.

#MACHS-NACHHALTIG-INFOS

Wir wissen, der Teufel steckt bei der praktischen Umsetzung oft im Detail. Denn die Natur lässt sich in kein Schema pressen. Deshalb haben wir nützliche Bezugsquellen für Regio-Saatgut und heimische Stauden, aber auch weiterführende Informationen über Nisthilfen oder Kontakte zu Vereinen aufgelistet. Auch einige Bücher für diejenigen, die jetzt Feuer und Flamme für das Thema sind, werden genannt.

Viel Spaß beim Planen!

Bezugsquellen

Hummelnistkästen

Schwegler Vogel- und Naturschutzprodukte: www.schwegler-natur.de, Hummelnistkästen und vieles mehr
Das Hummelhaus: www.das-hummelhaus.de, Hummelnistkästen und Tipps dazu

Stauden

Staudengärtnerei Gaißmayer: www.gaissmayer.de, große Auswahl an Stauden und Samen
Staudengärtnerei Spatz und Frank: www.staudenspatz.de, Stauden in Bio-Qualität

Regionales Saatgut

Rieger-Hofmann: www.rieger-hofmann.de
Saaten-Zeller: www.saaten-zeller.de
Syringa Duftpflanzen und Kräuter: www.syringa-pflanzen.de

Zum Weiterlesen

Gokcezade, Joseph, Gereben-Krenn, Barbara-Amina & Neumayer, Johann: Feldbestimmungsschlüssel für die Hummeln Deutschlands, Österreichs und der Schweiz, Quelle & Mayer, 2. Auflage 2018 (Veröffentlichung zum kostenlosen Download: www.zobodat.at/pdf/LBB_0042_1_0005-0042.pdf)

Goulson, Dave: Die seltensten Bienen der Welt. Ein Reisebericht, Ullstein Taschenbuch, 2018

Goulson, Dave: Das Summen in der Wiese. Das geheime Leben der Insekten, Ullstein Taschenbuch, 2. Auflage 2018

Goulson, Dave: Und sie fliegt doch. Eine kurze Geschichte der Hummel, List Taschenbuch, 6. Auflage 2016

Vereecken, Nicolas: Wildbienen entdecken & schützen. Gräfe und Unzer, 2019

von Hagen, Eberhard & Aichhorn, Ambros: Hummeln: bestimmen, ansiedeln, vermehren, schützen, Fauna, 6. Auflage 2014

Voskuhl, Janina & Zucchi, Herbert: Wildbienen in der Stadt. Entdecken, beobachten, schützen, Haupt Verlag, 2020

Westrich, Paul: Die Wildbienen Deutschlands, Verlag Eugen Ulmer, 2. Auflage 2019

Westrich, Paul: Wildbienen. Die anderen Bienen, Verlag Dr. Friedrich Pfeil, 5. Auflage 2015

Wiesbauer, Heinz: Wilde Bienen. Biologie, Lebensraumdynamik und Gefährdung. Verlag Eugen Ulmer, 2. Auflage 2020

Im Netz

www.aculeata.eu, Informationen und Verbreitungskarten der Bienen und Wespen Deutschlands

www.ampulex.de, Online-Zeitschrift für die Forschung mit Bienen und Wespen

www.kompost.de, Informationen über das Thema Kompost

www.landkreis-ostallgaeu.de/fileadmin/landkreis/veroeffentlichungen/broschueren/WieseX16_Handlungsleitfaden.pdf, Handlungsleitfaden zur Anlage und Pflege naturnaher Grünflächen

www.lepus.unine.ch/carto, Verbreitungskarten der Bienen und anderer Tiere der Schweiz

www.naturgarten.org, mit vielen Informationen rund um Naturgärten, mit Kontakten zu Ortsgruppen oder Naturgartenplanern

www.wildbee.ch, Seite zum Wildbienenschutz in der Schweiz, mit kostenlosem E-Book über erdnistende Wildbienen

www.wildbienen.info, die Internetseite von Dr. Paul Westrich mit vielfältigen Informationen rund um das Thema Wildbienen

www.wildbienen-kataster.de, Arbeitskreis zum Wildbienenschutz mit diversen Informationen, u. a. zur Wildbiene des Jahres

www.wildbienenwelt.de, die Internetseite des Verlags Eugen Ulmer mit Infos über Wildbienen und Pflanzen sowie Veranstaltungen

www.zobodat.at, Datenbank zu zoologischer und botanischer Literatur mit Hunderttausenden Artikeln

Quellen

Gokcezade, Joseph, Gereben-Krenn Barbara-Amina, Neumayer, Johann: Feldbestimmungsschlüssel für die Hummeln Deutschlands, Österreichs und der Schweiz. Linzer Biologische Beiträge 42/1:5-42, 2010.

Sann, Manuela et al.: Phylogenomic analysis of Apoidea sheds new light on the sister group of bees. – BMC Evolutionary Biology 18:71, 2018.

Scheuchl, Erwin & Willner, Wolfgang: Taschenlexikon der Wildbienen Mitteleuropas, Quelle & Meyer Verlag, 2016

Tautz, Jürgen & Heilmann, Helga: Phänomen Honigbiene, Spektrum Akademischer Verlag, 2007

Von Hagen, Eberhard & Aichorn, Ambros: Hummeln bestimmen, ansiedeln, vermehren, schützen, Fauna, 5. Auflage 2003

Westrich, Paul: Die anderen Bienen, Verlag Dr. Friedrich Pfeil, 5. Auflage 2015

Westrich, Paul: Die Wildbienen Deutschlands, Verlag Eugen Ulmer, 2. Auflage 2019

Wiesbauer, Heinz: Wilde Bienen. Biologie, Lebensraumdynamik und Gefährdung, Verlag Eugen Ulmer, 2. Auflage 2020

Zurbuchen, Antonia & Müller, Andreas: Wildbienenschutz. Von der Wissenschaft zur Praxis, Haupt Verlag, 2012

www.ufz.de, Helmholtz Zentrum für Umweltforschung

www.utopia.de/ratgeber/steingarten-anlegen-schritt-fuer-schritt-anleitung-und-kreative-ideen/, Anleitung zur Anlage von Steingärten

www.naturgartenfreude.de/wildbienen/nisthilfen/, Anleitungen für Nisthilfen

So könnte dein Garten aussehen

Welche wildbienenfreundlichen Gestaltungselemente in deinen Garten passen, kannst du dir hier aussuchen und dann auch gleich nachlesen. So kann dein Garten nach und nach zum Bienenparadies werden.

Register

Bildquellen

APugach / Shutterstock.com: Seite 51 li. Alec Issigonis / Shutterstock.com: Seite 55 li. Andrius Repsys / Shutterstock.com: Seite 3 (Baum) Bause, Christopher: Seite 11, 14 li., 42 re., 44 re., 44 li., 46 re., 48 re., 48 li., 52 re., 53 li., 53 re., 54 re., 57 re., 68, 75 u., 93 li., 94 re., 89 o., 96, 101 li., 103 li., 103 re., 105 li., 105 re., 106, 107 li., 107 re., 109 li., 109 re., 110 re., 111 li., 112, 113 li., 115 re. Bildagentur Zoonar GmbH / Shutterstock.com: Seite 27 Bodor Tivadar / Shutterstock.com: Seite 4 (Blatt) Burger, Hannah: Seite 23 cherryyblossom / Shutterstock.com: Seite 59 o. Diestelhorst, Olaf: Seite 30 Fischer, Jürgen: Seite 90, 91, 92, 93 re., 95 li., 114 re., 120 Flora Press / BIOSPHOTO: U2, U3 Flora Press / gartenfoto.at: Seite 5 Gregory A. Pozhvanov / Shutterstock.com: Seite 24 re. Günter, Roland: Seite 43 re., 56 re., 80, 83, 101 re., 111 re. 114 li., 119 Gürtler, Manfred: Seite 35 Hecker, Frank / Heiko Bellmann: Seite 19 Hecker, Frank / Naturfotografie: Seite 73 u., 77, 87 re. Helga_foto / Shutterstock.com: Seite 67 Herbst, Martin: Seite 113 re. Hopfenmüller, Sebastian: Klappe vorn innen, Seite 25, 32, 36, 37, 38, 45 li., 46 li., 47 re., 54 li., 56 li., 59 u., 61, 62, 64, 73 o., 76, 85 li., 104, 108 Ian Dyball / Shutterstock.com: Seite 28 I.Rottlaender / Shutterstock.com: Titelbild Köck, Claudia: Seite 9, 118 Lipatova Maryna / Shutterstock.com: Seite 13 Lunghammer / Shutterstock.com: Seite 79 Lutz, Lina: Seite 47 li., 124 Manfred Ruckszio / Shutterstock.com: Seite 110 li. mauritius images: Seite 6, 15 re., 21, 41, 42 li., 49 li., 55 re., 81, 99 Mayländer, Michaela: Seite 1 (Blume), 19 (Blümchen), 29 (Herz), 69 (Efeublatt) Mayr, Antonia: Seite 16, 31 u. li., 31 u. re., 87 li. mizy / Shutterstock.com: Seite 24 li. Neumayer, Johann: Seite 14 re., 117 Robert Adami / Shutterstock.com: Seite 95 re. Roman_Efimovich / Shutterstock.com: Seite 39 Schwarzer, Elke: Seite 15 li., 43 li., 50 li., 115 li. Schwenninger, Hans: Seite 31 o. Simon Groewe / Shutterstock.com: Seite 50 re. snowturtle / Shutterstock.com: Seite 52 li. Stangler, Eva: Seite 45 re., 51 re., 63, 75 o. Vector store / Shutterstock.com: Seite 7 (Biene) Vitaliy Hrabar / Shutterstock.com: Seite 49 re. vividvic / Shutterstock.com: Seite 121 (Vogel) weha / Shutterstock.com: Seite 57 li. Wiesbauer, Heinz: Seite 71, 89 u., 94 li. wildbee.ch / Deborah Millett: Seite 85 re.

Impressum

Bibliografische Information der Deutschen Nationalbibliothek
Die Deutsche Nationalbibliothek verzeichnet diese Publikation in der Deutschen Nationalbibliografie; detaillierte bibliografische Daten sind im Internet über http://dnb.d-nb.de abrufbar.

Wollgrasweg 41, 70599 Stuttgart (Hohenheim)
E-Mail: info@ulmer.de
Internet: www.ulmer.de
Projektleitung: Doris Kowalzik
Konzept: Christine Hutschenreuther
Lektorat: Antje Krause
Herstellung: Katharina Merz
Reihen- und Umschlaggestaltung: Michaela Mayländer, Stuttgart, www.sistermic.de
Satz: Katja von Ruville, Frankfurt a. M.
Reproduktion: timeRay Visualisierungen, Jettingen
Druck und Bindung: Pustet, Regensburg
Printed in Germany

ISBN 978-3-8186-1227-6

MIX
Papier aus verantwortungsvollen Quellen
FSC® C014889
www.fsc.org